経営感覚を整えるための カンのメンテナンス

中小企業診断士
冨松 誠
Makoto Tomimatsu

スタブロブックス

はじめに

三味線と経営は似ている？

突然ですが、「勘所」という言葉をご存じでしょうか？

これは三味線などの弦楽器に由来する言葉です。三味線の棹にはギターのフレットに相当するパーツはありませんが、演奏者は一定の音を出すための押さえ所を心得て美しい音色を奏でます。この押さえ所を「勘所」とよび、やがて「肝心なところ」や「急所」などの意味で使われるようになりました。

経営の世界も三味線と同様、「こうすればこんな結果が出る」との明確な判断基準はありません。それでも会社を成長させてきた経営者の多くは、熟達した演奏者のように経営の勘所を押さえ、立派にかじ取りをされているものです。

経営者は、なぜそんな芸当が可能なのでしょう。

中小企業診断士として数多くの経営者と接してきたなかで感じるのは、皆さん一様に本質を見抜く力や経営の感覚に優れているということです。私が普段、お付き合いのある中小企業や小規模企業者の経営者の場合、私たちのような外部の専門家が詳細に分析した結論と、社長が感覚的にとらえている結論が一致することが珍しくないのです。

資金も人材も限られた中小企業ですから、経営分析に時間をさけるわけではありません。それでも**中小企業の経営者は蓄えてきた経験則にもとづく経営感覚、いわゆる「カン」（第1章26ページ参照）とよばれる力も使って判断し、会社を成長に導いているの**です。

頻繁に生じている感覚と実態のズレ

ところが、この中小企業経営者の持ち味であるカンが、業績を悪化させる原因になってしまうことがあります。

たとえば第1章で取り上げている支援先の社長は、A事業は利益率が高く、売り上げも伸びているため自社のかなめだと自負していました。だからA事業にますます力を入れたのです。ところが資金繰りの課題が解決しないことから経営分析をしたところ、実態は社長の感覚とは真逆でした。A事業は同社の資金繰りを悪化させる元凶になっていたのです。

「さすがにそんなミスはおかさない」と思われるかもしれませんが、経営の現場では、じ

図表0-1 ■ **経営の感覚と実態**

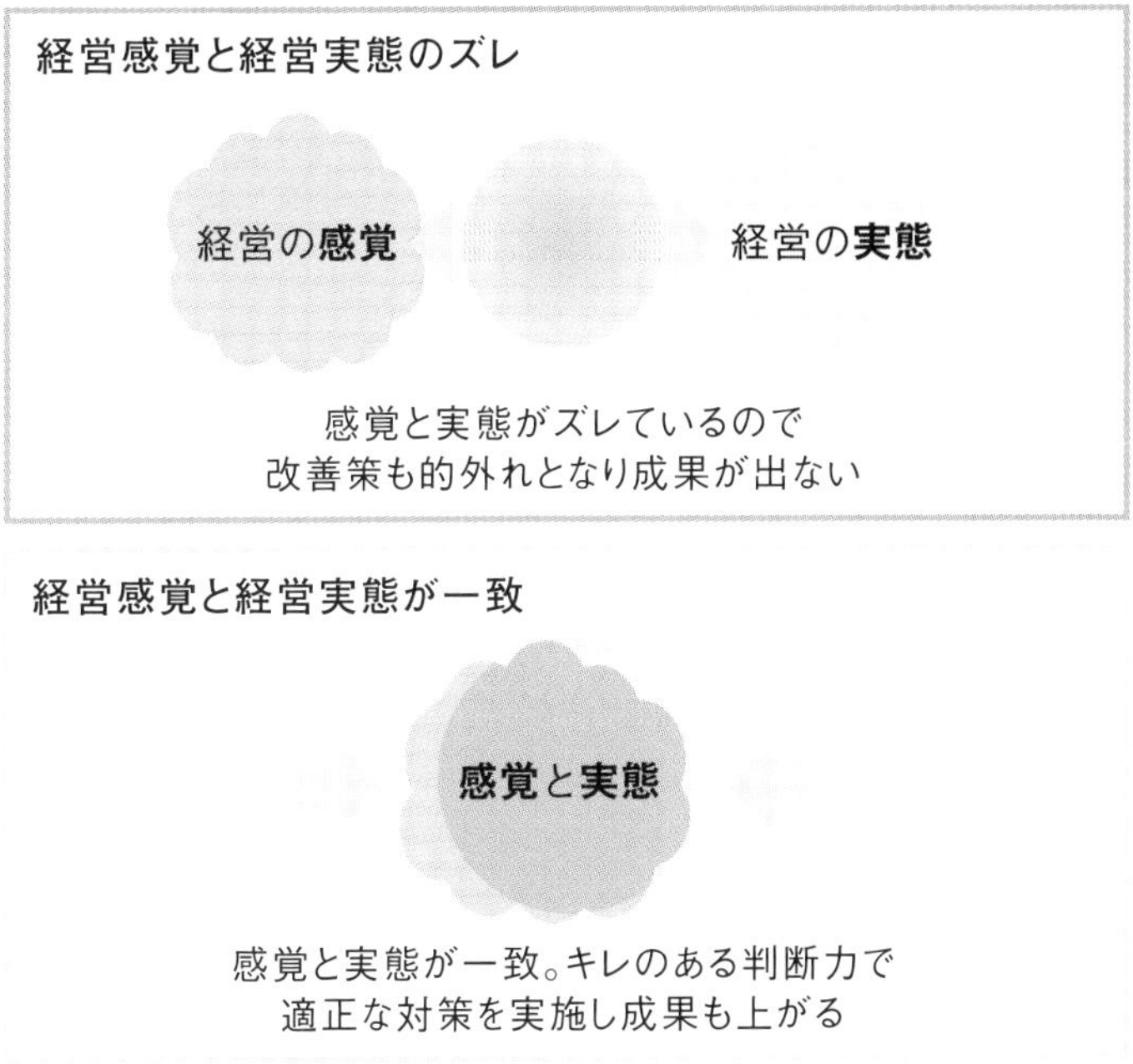
経営感覚と経営実態のズレ
経営の感覚
経営の実態
感覚と実態がズレているので
改善策も的外れとなり成果が出ない
経営感覚と経営実態が一致
感覚と実態
感覚と実態が一致。キレのある判断力で
適正な対策を実施し成果も上がる

つはこうした判断のズレが（読者の皆さんが思っている以上に）頻発しています。

なぜ、客観的に見ればあり得ないような判断ミスをしてしまうのかといえば、その最大の原因は、**社長が抱く経営の感覚と、自社の経営の実態（経営数字）がいつの間にかズレてしまっている点**です。

三味線の演奏で押さえ所を間違うと、狙った音は出ません。同じように、社長の感覚が自社の実態とズレてしまうと、何らかの取り組みをおこなっても思うような成果を期待できないのです（図表0－1）。そればかりか、逆効果になってしまうリスクすらあります。

加えて厄介なのは、**感覚と実態がひとたびズレると、これまでの経験則だけでは業績悪化の原因究明が困難な点**です。会社の本当の姿が見えなくなっているので取り組む対策は的外れとなり、経営状況のさらなる悪化を招きかねません。そうなると対策↓業績悪化↓対策↓業績悪化の負のサイクルにはまり込み、抜け出せなくなってしまいます。

そこで、必要となるのが本書のテーマである「カンのメンテナンス」です。データ分析手法を使って会社の本当の姿（＝実態）を見える化し、社長が抱いている感覚を整えることで、キレのある判断力を取り戻すのです（図表0－1）。

感覚と実態のズレを正す「カンのメンテナンス」とは？

あらためまして、私は中小企業診断士として、関西を拠点に小さな企業の経営支援をおこなっている富松と申します。経営の改善手法であるＰＤＣＡを指南するコンサルタントとして、机上の空論より現場を重視しつつ、中小企業の企業再生から業務改善までアドバイスをおこなっています。

そんな私の経営サポートの核となっているのが「カンのメンテナンス」なのです。

「売り上げの低下が止まらず、回復の見込みもない」

「資金繰りがどうにも苦しく、本業に集中しきれない」

そうした切実な悩みを抱えながらも、具体的に何に取り組めばよいか分からない――本書は、そんな中小企業の社長さんに向けて、**データ分析を用いた経営感覚のメンテナンス法を活用し、悩みを解決するヒントをお伝えするのが主な目的**です。

規模でいえば、いわゆるひとり企業から、多くても従業員30人くらいまでの企業が対象です。なかでも「管理会計」という言葉を知ってはいても、実際には忙しくて経営分析なんてしている暇はない、あるいは方法がよく分からない――そんな社長さんであれば、本書の内容は参考になるはずです。


先ほど、経営の判断ミスの原因は、社長の感覚と実態のズレにあるとお伝えしました。なぜ感覚と実態が合わなくなるのかといえば、そのいちばんの理由は、**会社を経営するなかで接する情報や直面する状況を誤って認識してしまう点にあります**。

情報や状況を曲解すると「思い込み」が生じ、その思い込みによって感覚と実態にズレが生じます。すると思考のプロセスが狂い、間違った「意思決定」につながってしまうの

図表0－2 ■ **カンのメンテナンスの効果**

です（＝カンが鈍った状態：図表０－２）。

そこで必要となるのが、データ分析を用いた経営感覚のメンテナンス法――すなわちカンのメンテナンスです。

具体的には、**「並べる」「比べる」「まとめる」「分ける」という４つのデータ分析の切り口で思い込みを取り払い、感覚と実態のズレをなくし、正しく意思決定ができる状態を取り戻しましょう**（＝カンが冴えた状態：図表０－２）、というのがカンのメンテナンスのポイントです。

・なぜ目の前の情報や状況を間違って認識し、思い込みが生じるのか
・どうやって思い込みを排除し、ふたたびカンが冴えた状態を取り戻すのか

本書でじっくり解説していきます。

第1章では思い込みが生じる理由と思い込みの種類を、第2章では思い込みを取り除くためのカンのメンテナンスの具体策をそれぞれ解説します。

つぎに第3章と第4章では、思い込みを排除して経営を立て直した事例を計8つ、取り上げます。カンのメンテナンス法の解説にとどまらず、私が実際に携わった実例をふんだんにご紹介するのが本書の特徴といえるでしょう。

最後の第5章では、私がコンサルティングの現場でよく使うデータ分析手法を7つ、ご紹介します。

カンのメンテナンスで得られるメリットとは？

管理会計を理解し、すでに何らかの経営分析を活用している企業の経営者の場合、本書の内容は簡単すぎるかもしれません。

しかしデータ分析と言われてもよく分からない、分析はしているが活用できているとは言えない、本業に必死でそんなことに気を回す余裕はない、そうした小さな企業の社長さんであれば、きっとお役に立てるはずです。

では、カンのメンテナンスを実践すると、どんなメリットがあるのか。

■「見える」と「分かる」。「分かる」と「動ける」。だから会社が「変わる」

4つのデータ分析の切り口（「並べる」「比べる」「まとめる」「分ける」）で思い込みが取り除かれると、会社の本当の姿が見えるようになります。すると業績悪化の原因が分かり、正しい意思決定のもとに動けます。だから経営が改善され、会社が変わるのです。

カンのメンテナンスに取り組んだ経営者の声とあわせて、具体的なメリットを5つ、お伝えしましょう。

❶ 経営に自信がもてる

「先が見えないなかで不安を抱きながら商売していたが、会社の実態を把握できるようになったことで何をすべきか明確になり、自信をもって意思決定できるようになった」（小売業）

❷ 従業員に話が伝わりやすくなる

「数字にもとづいて話ができるようになり、従業員との感覚や意識のズレがなくなった。その結果、経営方針や改善策の意図が現場に伝わり組織一丸となれた」（製造業）

❸ 事業継続の可能性が見つかる

「手を尽くしたものの売り上げが回復しないので、もう店を閉めようと思っていたが、復活に向けた改善の方向性が見つかった」（飲食業）

❹ 新たな打ち手が見えてくる

「経営の改善ポイントが具体的に見える化されるので、何に取り組めばいいのか分かりやすく、『よしやってみよう』と行動する気持ちになる」（建設業）

⑤ 業績向上（売り上げ・利益アップ）につながる

「正しい対策を打てるようになり、組織の結束力も高まった結果、売り上げと利益の向上につながった」（全業種）

こうしたメリットの具体例を、第3章・第4章の事例集で紹介していますので、ぜひ参考にしてみてください。

繰り返すように、本書でいう「カン」とは文字どおり「勘」のことです。あてずっぽうではなく、経験から導き出された知恵や鋭い経営感覚、といった意味で本書はとらえます。感覚は目に見えないだけに説明が難しいですし、私は脳科学者やカウンセラーではないので、こうすれば直感を鍛えて経営に活かせますよ、といったアドバイスは残念ながらできません。

しかし中小企業診断士として、データ分析を活用しながらスピーディかつ適正な判断ができる状態を意図してつくり出すためのアドバイスは可能です。カンのメンテナンス法をマスターすると、感覚とデータ分析の両輪で経営力をより強化できるでしょう。

カラダの健康診断をするように、本書を参考にカンのメンテナンスを定期的におこない、御社の経営改善に少しでもつながれば、著者としてそれに勝る喜びはありません。

はじめに

第1章 経営がうまくいかないのは「思い込み」のせい

第2章 「カンのメンテナンス」でキレのある判断力を取り戻せ

第3章

業績悪化のターニングポイントを知り、改善策を見出すための「並べる」

第4章

数字の傾向をつかみ、事業の選択と集中に活かすための「比べる」

第5章 「直感」と「データ分析」の両輪経営で、中小企業の経営はますます強くなる

装丁／井上新八
本文デザイン・図版／松好那名（matt's work）
校正／株式会社ぷれす

第1章

経営がうまくいかないのは「思い込み」のせい

社長の「カン」はよく当たる

これまで多くの中小企業経営者と接してきて思うことがあります。皆さん一様にカン（＝勘）が鋭いということです。支援先企業の社長さんと話をすると、自社の経営状況をよくつかんでおられるのが分かります。「自分の会社だから当たり前だ」とお叱りを受けるかもしれませんが、我々のような外部の専門家が社内の経営資料から詳細に分析した結論と、社長が感覚で導き出した結論が一致することが珍しくないのです。

現場のたたき上げで会社を大きくしてきた中小企業の経営者は、血のにじむ苦労とともに貴重な経験を蓄えています。この経験こそが、中小企業の最大の強みであるスピード感ある意思決定を支えています。

しかしながら、時間も資源も限られた中小企業には、詳細な経営分析などしている余力はありません。自身も日常業務を兼務しているなかで、経営判断にじっくりと時間をさける社長はごく限られています。

そこで、これまで培ったカンが意思決定を支えます。判断を迫られた瞬間、蓄積された過去の経験から必要な情報が引き出され、「これだからこうだ！」と即決できるのです。
結果、中小企業の経営者は詳細な分析やきめ細かな計画がなくても、経験にもとづくカンでそれなりに事業を成長に導くことも可能です。

社長のカンは諸刃の剣

ところが、中小企業経営者の武器であるカンが、時に業績を悪化させる元凶になってしまうことがあります。中小企業診断士として数多くの企業を見てきた経験上、社長が抱く**経営感覚と経営実態（経営数字）が、いつの間にかズレてしまう**点に原因があると考えています。

たとえば、複数の事業を営む支援先の中小企業の社長は、「A事業は利益率が高く、売り上げも伸びているため当社のかなめである」と自信をもっていました。ところが、A事業に力を入れても課題の資金繰りはいっこうに改善しないのです。

そこで経営分析をしたところ、実態は社長の感覚とは真逆でした。A事業の不良在庫は年々増加しているうえ、キャッシュの回収期間も他の2事業と比べて圧倒的に長く（A事業＝半年、その他＝1か月～2か月）、資金繰りを苦しめる要因になっていたのです。

分析の結果を受け、経営方針を見直すことにしました。定番商品を除いてA事業を大幅に縮小する決断を下し、さらに定番商品についても見込発注から確定受注分を仕入れる方式に変更したのです。その結果、売り上げは減少しましたが、課題だった資金繰りは改善しました。

多発するカンと実態のズレ

カンと実態のズレは企業規模や業種業態を問わず、数多く発生しています。他にも例をあげてみましょう。

【長年地域で親しまれている仕出し屋の例】

カン：既存顧客のフォローアップは充分で、リピート率が高いのが当社の強みだ

実態：過去2年間の利用顧客のリピート率は13％にとどまる

結果：季節ごと、利用用途ごとに既存顧客への個別案内を強化し、リピート需要を掘り起こした

【ガソリンスタンドの例】

カン：お客様は地域の常連客ばかりなので、冬の灯油は当店で買ってくれているはずだ

実態：調査の結果、灯油を購入していない顧客が3割存在
結果：灯油を購入していない顧客にシーズン前とシーズン中にPRのチラシを配布。結果、購入していない顧客のうち3割が買ってくれるようになった

【和菓子屋の例】

カン：新たに仕入れ始めた調味料を使って商品開発しよう。低カロリーかつアレルギーの方でも食べられる調味料なので、アレルギーのある子どもの母親やダイエットに敏感な若い女性に売れるはずだ
実態：常連客へのアンケートの結果、そんなニーズはなかった
結果：アンケートで分かったニーズに応えた商品開発で増益

いずれも単純な例のように感じるかもしれません。しかし経営の感覚と実態のズレは、読者の皆さんが思っている以上に日常的に発生しています。

カンを鈍らせているのは「思い込み」

知らないうちにカンと実態がズレる原因は何でしょうか。

さまざまな企業を見てきた私の結論、それは「思い込み」です。**何らかの思い込みが元凶となり、社長が抱いている感覚と現実に差が生じてしまう**のです。

では思い込みとはいったい何でしょう。それを明らかにするために、あらためてカンとは何かを考えたうえで、思い込みについて解説したいと思います。

まず辞書で「勘」を引くと、「物事の意味や良し悪しを直感的に感じとり、判断する能力」とあります。解説にもあるように、「直感」と言い換えることも可能でしょう。

全米でベストセラーとなった書籍『第1感』（光文社）では直感の力を「適応性無意識」とよび、「人が生きていくうえで必要な大量のデータを瞬時に処理してくれるコンピュータのようなもの」と説明しています。

この本では、アメリカ・カリフォルニア州のJ・ポール・ゲティ美術館で実際に起きた事例が引用されています。紀元前6世紀につくられたとされる大理石像の真贋を見極めるために弁護士などで編成された調査チームを招へいし、14か月にわたる調査を実施。その結果、本物と鑑定されました。ところが古代ギリシャ彫刻に関する世界的な権威たちは、全員がひと目見ただけで偽物と判断したのです。

その後、再調査がおこなわれた結果、大理石像は１９８０年代に贋作工房でつくられた偽物と判明しました。調査チームが１年以上かけて分析した結果を、専門家の直感が覆したのです。

その本は、「世界的な権威たちは彫像を一瞬目にしただけで、意識レベルで考えるよりも早く〝何となくおかしい〟と正確に判断を下した一方、調査チームたちの適応性無意識が何らかの理由で曇った」と推察しています。そして直感に曇りが生じた原因のひとつとして、**「この彫刻は本物であってほしい」という願望**があった点をあげました。

「人間には目の前の状況をふるいにかけ、どうでもいい要素は瞬時に切り捨て、これはという要素に神経を集中させる直感力がある一方、感情や先入観などのバイアスがそのひらめきを狂わせる」といった主旨の主張がこの本では繰り広げられます。本物であってほしいという願望が直感を鈍らせたのです。後述するように、本書における「カン」と「思い込み」の関係といえるでしょう。

以上を踏まえ、カンをつぎのように定義しましょう。

本書における「カン」の定義

⬇経験に裏打ちされたスピーディで鋭い判断力（経営感覚）。大量のデータ（経験則）にアクセスし、最適解を瞬時に導き出せる能力。「直感力」とも言い換えられる。

では、カンと実態のズレを生じさせる「思い込み」とは何か。

同じく辞書を引くと、思い込みとは「深く信じ込むこと。また、固く心に決めること」とあります。「思い込みの激しい人」などというように、自らの考えに固執し、凝り固まった状態といったイメージが強いかもしれません。

それに対して本書で考える思い込みとは、確固たる信念でその物事を信じている状態というより、社長自らも気づかないうちに抱いている勘違い、そんな意味に近いでしょうか。

以上を踏まえ、思い込みを定義しましょう。

本書における「思い込み」の定義

⬇さまざまな原因で情報にバイアス（偏向、偏見、先入観、データの偏り、恣意的な解釈など）がかかり、その偏った情報をもとに解釈した「誤った現状認識」のこと。その結果、カンと実態にズレが生じ、判断力が鈍ることになる。

このように、バイアスのかかった情報をもとに誤った現状認識をしているのであれば、いくらやり手の社長でも事業がうまく回るはずがありません。判断の前提条件が間違っているわけですから。その結果、カンも狂うのです。

■「前提条件」の重要性

さて、ここで「前提条件」という言葉が出てきました。

詳しい説明は45ページに譲るとして、前提条件とは**企業が認識しているニーズや課題、改善点**などのことです。前提条件を正しく認識し、経営の施策を考えれば、正しい意思決定が可能となります。一方、前提条件が間違っていれば、その結果、導き出される意思決定も間違った判断になります。

この前提条件を狂わせるのが思い込みなのです。接した情報や直面した状況を誤って認識（＝思い込み）するとカンと実態がズレてしまい、前提条件に狂いが生じます。その結果、誤った意思決定につながります（図表1－1）。

では正しい意思決定のために必要なことは何かといえば、**情報や状況を正しく認識し、正しい前提条件のもとに考える**こと。そうすることで**正しい意思決定が可能となり、カンが冴えた状態を保つことが可能**となります（図表1－2）。

図表1-1 ■ **カンが鈍った状態**

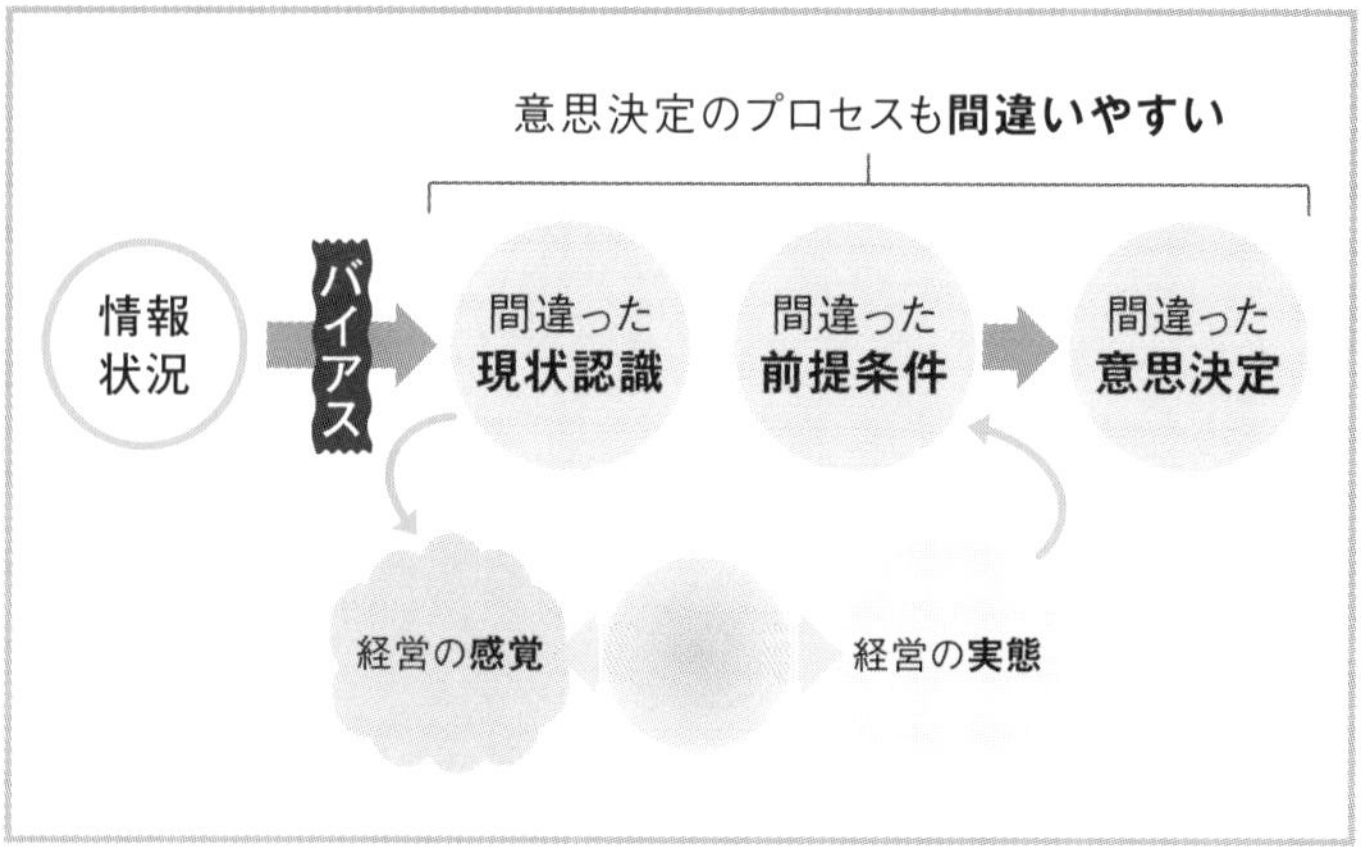

図表1-2 ■ **カンが冴えた状態**

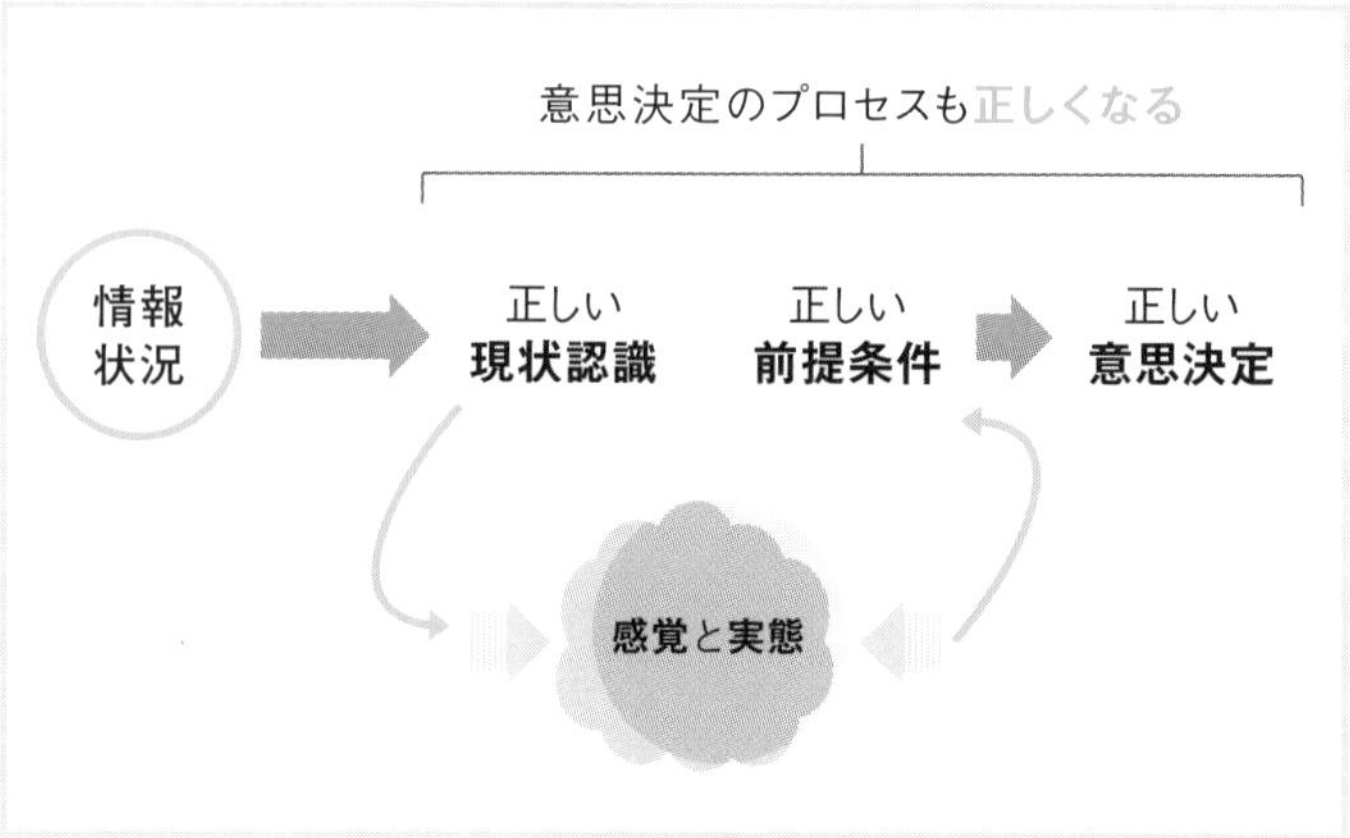

■「相手も映画が好きに違いない」という誤った前提条件

中小企業の社長は具体的な方法について何かとアドバイスを求めたがります。その気持ちはよく分かりますが、思い込みが生じている状態では前提条件に狂いが生じていますから、具体策を講じても効果は薄いです。

たとえば、あなたが親しくしたいと思っている相手がいるとします。あなたは大の映画好きなので、相手も映画が好きだと疑いなく思っていました。

そこでいっしょに観る映画をあれこれ調べて準備万端、いざデート当日——。調べてきた映画に誘うと浮かない表情なので理由をたずねると、映画に興味がないと言われてしまいました。

残念な結果ですが、失敗の原因は明らかです。〝相手も映画好きに違いない〟と思い込んでいた結果、前提条件がズレていたのです。

読者の皆さんは「私はそんなにバカではない」と思われるかもしれませんが、こうした思い込みによる失敗は中小企業の現場でよくある光景です。

ともあれ、思い込みによって前提条件が間違っている状態では、**どんな映画を選べばいいのかを考えるのはナンセンス**です。同じように、**何かを思い込んでいる状態で経営の具体策を講じても効果は限定的**です。

ビジネスでもプライベートでも、まずは思い込みを解消し、相手のニーズを正しく知ることが大切といえるでしょう。

■そんなバカなという思い込みも少なくない

なかにはコントのような思い込みもあります。

たとえば、ある支援先企業から「資金繰りが厳しい」と相談を受けました。社長に話をうかがうと、思い切ってチャレンジした新規事業がうまくいかずに売り上げが低下し、運転資金が足りなくなっていると言います。すでに複数の金融機関から融資を受けている状態で、これ以上の追加の借り入れは厳しいと神妙な面持ちです。資金繰りに奔走し、かなりお疲れの様子でした。

しかし私は、経営資料を拝見して腑に落ちない点があったのです。

そこで社長にたずねてみました。

「貸借対照表に保険積立金が２０００万円ほどあるのですが、これは何でしょうか」

社長はきょとんとした表情で、ひと言。

「えっ、何それ」

あとで社長が確認したところ、先代社長であったお父様が節税対策で入った保険だったそうです。保険の専門家に見てもらうと、必要な保障内容ではなかったので、解約することで2000万円のキャッシュが入りました。

資金繰りがひっ迫している状況下で気が動転し、「資金があるはずがない」という思い込みにとらわれていたのです。

「あれほど悩みを抱えていたのがウソみたいです」と社長は元気を取り戻していましたが、財務データにもう少し関心をもち、ご自身で数字を把握して経営実態を理解していれば、そもそも悩む必要はありませんでした。

もちろん、新規事業を立て直すための根本療法が必要なのはいうまでもありませんが……。

また別の企業からは、「売り上げを伸ばすために営業方法をアドバイスしてほしい」と相談をいただきました。こちらもひととおり話をうかがったのち、「では売上高の目標は?」と聞いてみると、「現在の受注量の2割増しです」と前のめりです。

しかし、同社の製造現場の稼働状況を知っている私は疑問を抱きました。

そこで素朴な質問を社長に投げかけてみたのです。

「受注量が本当に2割も増えたら、製造現場はどうなりますか」

社長は「あっ」という表情のあと、少し考え込んでいます。

そして、ひと言。

「(現場が)回らないですね……」

冷静に考えると、現場が立て込んでいることから、社長が営業に行く時間も取れない状態です。そもそも社長自身が手いっぱいのなかで営業の具体策をアドバイスしても、まず実施する時間がありません。仮に実行できたとしても、受注した仕事をこなす生産能力もないのです。

にもかかわらず、**「もっと売り上げを……」という前傾姿勢が裏目に出て、自社の実態を見えなくしていた**わけです。その結果、前提条件に狂いが生じ、見当違いのやる気につながっていました。

結局、同社でまず取り組んだのは、製造現場の無駄を改善し、生産能力を引き上げる対策です。そうしてまず受け皿を整えたうえで、売上アップを目指すステージにシフトしていきました。

10に1つや2つは思い込みがある

こうした話をお伝えすると、読者の皆さんはこうつぶやかれるでしょう。

「その社長がイマイチなんじゃないか」

さまざまな社長を見てきましたが、そんなことはありません。もちろん、思い込みが激しい人とそうでない人はいます。しかし、どれほど優秀な人であっても、多かれ少なかれ思い込みを抱いているものです。

先ほど紹介した2つの事例の社長さんも、いずれも立派に業績を上げてこられた方々です。ところが、いざ経営の歯車が狂ったときに、あるいは業績をもっと伸ばすぞと勢い込んだときに、客観的に見るとご自身でも信じられないような思い込みにとらわれてしまうことがある。

とくに攻めに転じようとした際には、自社の現状認識を誤り、実態を見失う傾向が強いかもしれません。自社の身の丈を理解しているはずなのに、先を急ぐばかりに足元が見えなくなるのです。

あくまで私の印象ですが、**社長自身は確信を得ている事象が10個あるとして、その1つや2つは思い込みの可能性が高い**です。経営センスの良さを自負する社長でも、いざ経営資料をもとに数字を詰めていくと、「あれ?」と勘違いが露呈し始めます。社長が認識している現状と実態（数字の傾向）が一致しないのです。

思い込みの種類は大別すると3タイプ

では経営の現場では、どのような種類の思い込みがあるのでしょうか。大別すると、つぎの3つに分けられます。

❶ 私は悪くないタイプ
❷ あるべきタイプ
❸ 楽観タイプ

具体的に見ていきましょう。

❶ 私は悪くないタイプ

自社の（思わしくない）現況を招いたのは外的な要因のせいである、と他責思考に偏る思い込みです。

経営資料をもとに分析していくと、たしかに外部要因が影響していることはあります。

しかし、社長の思い込みによるエラーがその影響をさらに拡大させている、もしくは外的要因が去ったあともその企業を低迷させる原因になっていたりします。

外的要因のみに原因を求めるのではなく、自責思考、すなわち自分たちにも問題があると気づくことで現状を正しく認識できるようになり、改善が進むタイプです。

⇒第3章の事例①〜③がこのタイプです。

❷ あるべきタイプ

「こうしなければならない」「こうあるべき」という思い込みです。

社長本人の頭の中にはやらなければいけないと考えている施策があるのですが、それをうまく実行に移せずにイライラしていることが多いです。

しかし、そのやらなければいけないことが必ずしも現状打破に通じる施策ではなく、他の問題を解決しなければ改善効果が期待できないケースも少なくありません。

先ほど取り上げた〝現場が回らない〟企業もそのひとつです。営業を強化する前に製造現場の無駄を改善し、生産能力を引き上げる対策が必要でした。

自社の実態を正しく把握し、やるべき対策には選択肢があると気づくこと。そして優先順位をつけて対処していくことで改善が進むタイプです。

⇩第3章の事例④、第4章の事例⑤がこのタイプです。

❸ 楽観タイプ

何となくうまくいくという思い込みです。

とくに準備をしなくても最初は事業がうまく回ってしまった経験があだとなり、途中で立ち行かなくなるケースです。あるいは経営が順調に展開していると思っているが、じつは水面下では問題が生じていたり、停滞が始まっていたりします。

状況を深く考察することで、考えるべきことや必要な対策に気づけば改善が進むタイプです。

⇩第4章の事例⑥～⑧がこのタイプです。

知らないうちに思い込んでいる理由とは?

思い込みが生じる理由には、つぎの5つのパターンが考えられます（図表1－3）。

❶ 情報が古い

図表1-3 ■ 思い込みの5つの理由と思い込みの3タイプ

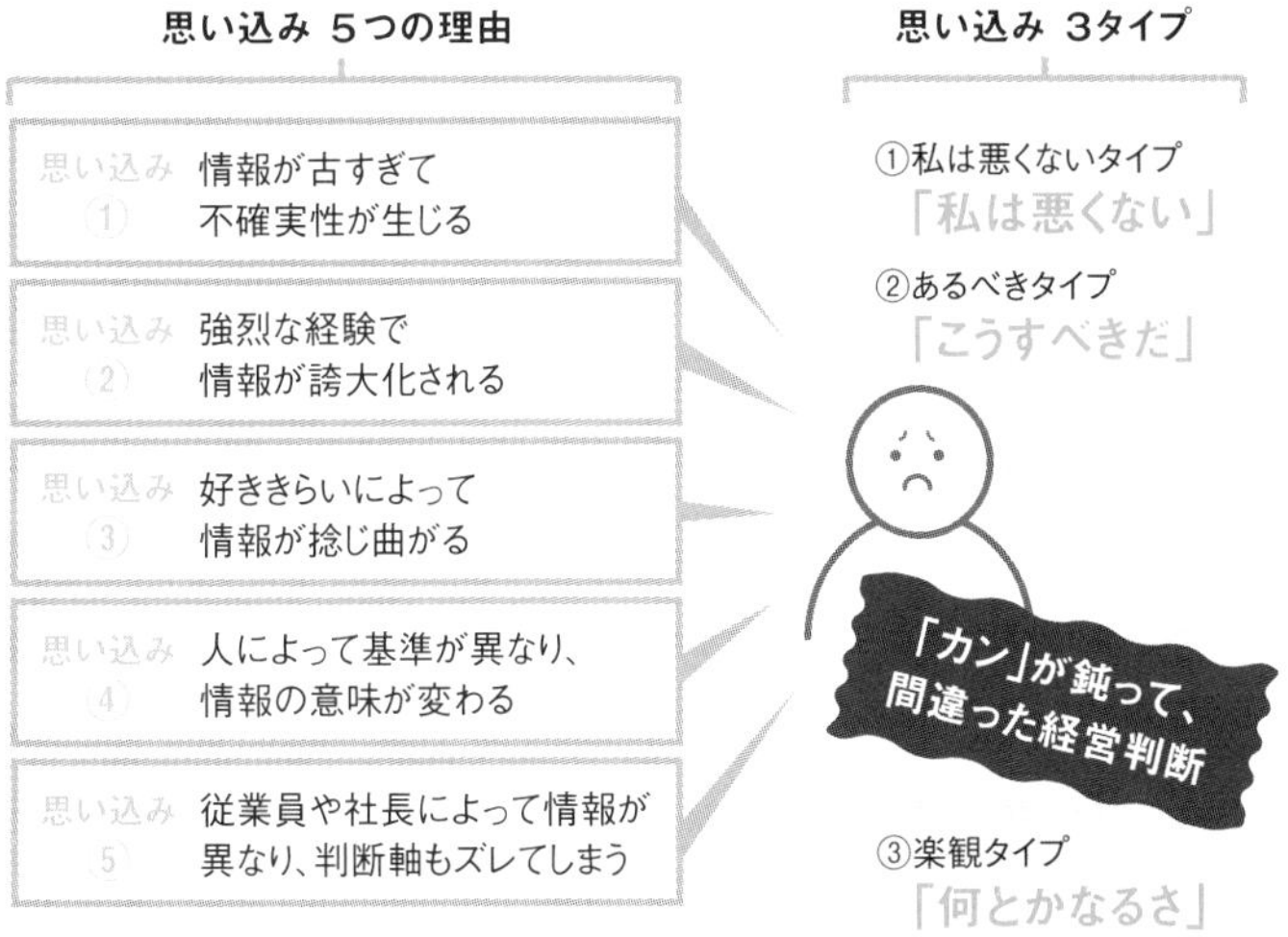
思い込み 5つの理由
思い込み① 情報が古すぎて不確実性が生じる
思い込み② 強烈な経験で情報が誇大化される
思い込み③ 好ききらいによって情報が捻じ曲がる
思い込み④ 人によって基準が異なり、情報の意味が変わる
思い込み⑤ 従業員や社長によって情報が異なり、判断軸もズレてしまう
思い込み 3タイプ
①私は悪くないタイプ
「私は悪くない」
②あるべきタイプ
「こうすべきだ」
「カン」が鈍って、間違った経営判断
③楽観タイプ
「何とかなるさ」

❷ 強烈な例外
❸ 感情
❹ ものさしの違い
❺ 情報の点在

順を追って説明していきましょう。

❶ 情報が古い

情報の古さがバイアスとなり、誤った現状認識につながるケースです。

「取引先A社は、当社B製品の売り上げの上位を占めてくれている重要顧客だ」

「いやいや社長、2年前の取引を最後に、A社からの受注は途絶えていますすよ」

「えっ、そうなの」

といったケースです。

経営は〝生もの〟ですから常に移り変わっています。たしかに過去の時点では正しかった情報かもしれませんが、経営環境は刻々と変化していることを認識しなければなりません。

社長にヒアリングをしていると、つぎのような話もよく飛び出します。

「うちの商品Cは評判があまりよくなくてね。昔、取引先を回ってひととおり提案したけれど、反応はゼロでした」

「社長、昔っていつ頃ですか?」

「……5年ほど前かな」

営業努力の有無を確認すると、「昔はやったけれど……」といった言い訳が出てきます。

〝昔〟の時期によっては情報が古すぎるため、〝今〟の経営状況にはそぐわない可能性があります。もしかすると、今の経営環境では逆にチャンスかもしれません。情報の定期的なアップデートが求められます。

❷ 強烈な例外

トラブルに見舞われたときの苦い経験や、大きな成果を手にした際の記憶はいずれも脳裏に強烈に焼きつくものです。そのため、**全体から見れば例外ともいえる経験の記憶が増幅され、やがて実態以上に重要に感じてしまう**ケースです。

ある小売業の会社で不具合の防止策を講じた際のエピソードです。

複数の不具合に対して同時期に対策することはできないため、優先順位をつけて実行していくことになりました。

その際、ひとりの従業員から「〇〇の不具合について最優先で対応すべきだ」という意見が寄せられました。詳しく聞くと、「その不具合が発生するとあとの処理が大変で……」と苦労した経験を教えてくれました。

従業員の方がそこまでおっしゃるからには対処が困難な事象かもしれません。ところが、不具合の種類ごとにデータをまとめてみると、その不具合は年に一度か二度、発生するかしないかという状況なのです。少なくとも、最優先で取り組む対象ではありません。

データを確認したその従業員は、「おかしいなぁ、もっと出ていたはずだけど……」と不思議がっていました。つまり処理に苦労した記憶が強烈だったので、「○○の不具合↓処理が大変↓頻繁に発生」という思い込みに発展していたのです。

社長自身が抱く思い込みだけでなく、こうした現場の思い込みに社長自身が惑わされると実態を見誤り、判断を間違えるリスクがあります。

❸ 感情

好ききらいなどの感情によって、対象を色眼鏡で見てしまうケースです。

経営者も人間ですから、好きなものについては好ましく見える傾向がありますし、反対にきらいなものについては何でも悪く見えてくるものです。つまり感情論で判断してしまうのです。

あるいは発言者が誰かによって、その情報にフィルタがかかることもよくあります。親しいAさんの情報は正しく思える一方、きらいなBさんの情報はうさん臭く聞こえるといったケースです。

進化生物学を提唱したチャールズ・ダーウィンは、「誰が正しいかではなく、何が正しいかが重要である」と言いました。この言葉のように、本来は発言者のいかんにかかわらず、正しいことは正しいわけです。

しかしひとたび感情が入り込むと、「何が正しいかではなく、誰が正しいか」という偏向や偏見につながり、現状認識を誤りがちになります。

❹ ものさしの違い

「早めに」や「多めに」といったあいまいな言葉を使い、コミュニケーションエラーが生じるケースです。「早い」「遅い」「多め」「少なめ」といったあいまいな表現の基準（ものさし）は人によって異なるからです。

身近な例をあげると、

・あるファミレスのご飯の「大盛り」は中皿に高さ5センチほどの盛り方
・ある定食屋のご飯の「大盛り」はどんぶりに山盛りの盛り方

どちらも同じ「大盛り」という言葉ですが、量はまったく違います。

この程度の話であれば「しまったな」ですみますが、経営になるとそうはいきません。

ある企業の従業員Aさんは「午前中の売り上げは10万円しかなかった」と納得がいか

ず、午後はもっと売ろうと張り切っています。一方、従業員Bさんは「午前中の売り上げは10万円もあった」と満足し、午後は気楽に構えています。

このケースは10万円を「多い」ととらえるか、「少ない」ととらえるかという、ものさしが違う状態です。

基準を合わせておかなければ、AさんはBさんに対して「なんでのんびりしているの？」とイライラし、BさんはAさんに対して「なんでイライラしているの？」とかみ合わない状態になります。

❺ 情報の点在

保有する情報量が違うことで、全体像の把握にズレが生じてしまうケースです。

通常、社長は経営の全体的な傾向を把握していますが、従業員は自ら接している範囲の部分的な情報の把握にとどまっています。社長による全体最適と、現場一人ひとりによる部分最適——この両者はいずれか一方が大事というよりどちらも必要ですが、問題は「情報が点在している」ことです。

「群盲象《ぐんもうぞう》を評す」というインド発祥の寓話があります。

目の見えない人たちが象の一部をそれぞれ触り、自分の手に触れた部分のみで象とはどういう動物かを語り合う話です。

足を触った人は「象は立派な柱のようなものだ」と答え、耳を触った人は「象はうちわのようなものだ」と語り、お腹を触った人は「象は大きな壁のようなものだ」と話しました。

各人の感想はいずれも間違いではありませんが、それぞれの意見だけで象という生き物の全体像を判断しようとすると誤った解釈になります。

情報が点在している状態は、この寓話と同じです。

・自分の担当先ではA製品が売れているからAの販売に力を入れるのがよい
・自分の担当先ではB製品が売れているからBの在庫を厚めに補充するのがよい

このように、現場の一人ひとりが自分の接している情報だけで議論しても、現状を正しく認識することはできません。情報の偏りが思い込みを助長し、お互いにその思い込みをぶつけ合う状態になってしまいます。そして最終的には声の大きな人の意見が通ります。

だからこそ、社長は従業員の思い込みにとらわれることなく、点をつないで線にして全体を俯瞰し、実態を正しくつかんで判断する意識が求められます。

思い込みが経営のジャマをする

このように、社長自身が思い込みにとらわれている限り、あるいは現場の思い込みに振り回されている限り、経営はうまくいきません。

なぜなら思い込みは、

❶計画段階のジャマ

❷行動段階のジャマ

の2段階でジャマをしてくるからです。

❶計画段階のジャマ

・思い込みが前提条件を狂わせる

思い込みの最大の難点はカンと実態にズレを生じさせ、前提条件を狂わせる点にあります。現状認識を見誤った結果、間違った前提条件を設定してしまい、取り組む改善策が見当違いとなるのです。当然、思うような成果にはつながりません。

ここで、前提条件について詳しく解説しましょう。

計画を立てる際には、何らかの「前提条件」にもとづいて検討することになります。「前提条件」とは、**企業が認識している市場や顧客のニーズ、あるいは問題点や課題、改善ポイント**などをさします。この前提条件を明確にすることで、意味のある施策を導き出すことができ、その結果、一定の効果を期待できるようになります。

つぎのようなイメージです。

【例①】

前提条件：Aの顧客層にはメニューBのニーズがある（ニーズ）

施策：顧客層Aに向けたメニューBの販促作戦

期待効果：売上高●●●万円を期待できる（施策のアプローチ数に応じた数値）

【例②】

前提条件：来店するお客様への提案が不足している（改善ポイント）

施策：店内販促物や接客の見直し

期待効果：客単価を１００円ＵＰする

【例③】

前提条件：生産工程Ｃで不具合が生じており年間●●●●個のロスが生じている（改善ポイント）

施策：生産設備の更新とレイアウト見直し

期待効果：後工程の手待ち時間解消と生産工程Ｃの手直しのコスト削減により原価●％改善

一方、前提条件のない施策および期待効果は絵に描いた餅となってしまいます。

よくある失敗事例としては、

・売上高が毎期５％ＵＰしたらこうなります

・営業をがんばるので売上高が10％ＵＰします

などです。

このように結果や施策だけしかなく、前提条件（「なぜその施策をするのか」「なぜその効果が期待できるのか」）が不明確では成果は限定的です。

以上のように、計画策定時には前提条件の設定が不可欠なわけですが、もっと根本的な問題があります。繰り返すように、**前提条件に思い込みが入っていれば、いくら正しいと思われる計画を立てても成果には結びつかない**のです。

「相手は映画が好きに違いない」という思い込みのなかで、実際はそうではない相手をいくら人気の映画に誘ってもその計画は徒労に終わるのと同じです。

先ほどの例①の場合、「Aの顧客層にはメニューBのニーズが高い」という前提条件が間違いだったとすると、「顧客層Aに向けたメニューBの販促作戦」は見当はずれの施策となってしまいます。

・コロナ対策で戦略転換を模索する居酒屋の前提条件

参考までに、新型コロナウイルスの影響が直撃するなか（本書執筆時点の２０２１年１月）、ある居酒屋で検討中の前提条件をご紹介しましょう。

その居酒屋の半年の実績を比較すると売上高は約６割に減少しています（図表１－４）。業績急落に影響を与えている要因は、やはりいちばんは客数です。多くの飲食店と同様、

図表1−4 ■ 居酒屋の実績比較

		令和2年 6〜11月平均実績	令和元年 6〜11月平均実績	目標
売上高		4,400千円	7,700千円	6,000千円
昼売上高		990千円	1,400千円	1,100千円
夜売上高		3,410千円	6,300千円	4,900千円
昼平均	客数	25人	34人	27人
	客単価	1,320円	1,330円	1,320円
	組数	12組	14組	13組
	組当人数	2.1人	2.4人	2.1人
夜平均	客数	32人	50人	36人
	客単価	4,320円	4,190円	4,520円
	組数	13組	16組	14組
	組当人数	2.6人	3.2人	2.6人

夜の飲食機会の減少や、まとまった人数での食事会の激減などが影響しています。

一方、客単価については、昼は前年とほぼ変わらず、夜は103.1%と増加しています。料理長を変更したり、メニューの改善を進めたりといった対策が客単価アップにつながったと考えられます。

以上を踏まえて現在、検討している前提条件はつぎのとおりです。

・組数やひと組あたりの人数を大幅に増やすことはできない（世の中の流れ：課題）

・緊急事態宣言後の様子としては、個人のリピーターは安定して利用してくれているが、法人関係や新規顧客は前年比で大幅に減少している（顧客ニーズ）

・グルメサイトなどに多額の広告費をかけてきたが、大人数の集客は難しくなってきているため、広告の方法を変更したほうがいいのではないか（改善案）
・料理長変更後、メニューは好評。ただし店内の様子からメニュー表示が貧弱。メニューの特徴をもっと効果的にPRできれば単価UPの可能性がある（改善案）
・空き時間を利用してスタッフたちがテイクアウトの弁当を開発。試食の結果、好評なので販促活動を検討。ただし生産量との兼ね合いを検討中（改善案）

この居酒屋の場合、コロナ以前は多額の広告費をかけて一見のビジネス客を呼び込むモデルでしたが、今後はおいしい食事をリーズナブルな価格で提供するコンセプトの店として、少人数グループを中心にリピートを増やしていく作戦を検討しています。

以上のように、**対策の結果を数字で正しく把握したうえで前提条件を整理することで、実効性の高い仮説や計画を立案しやすくなり、改善効果を期待できるようになる**のです。

ちなみにこの居酒屋の場合、前述の前提条件の方向性で進めていく場合、客単価やリピート率の把握が必要です。加えて施策の実行度や効果を測る指標も求められます。

仮に既存顧客に何度も楽しんでもらう目的で「毎月4点の季節メニューをつくる」という施策を立てれば、季節メニューの点数およびそれぞれの売上高は見ておきたいところです。

このように、全体の成果と施策の指標を両方把握しておくのが肝要です。全体の成果だけでは、客単価が何となく上がっているだけの話になり、各施策の評価ができず、正しい前提条件の設定につながりません。

100%完璧な計画はつくり得ない

もっとも、計画の前提条件が間違っているケースはよくあります。

問題は、その前提条件の不具合に気づかずに同じ施策を繰り返すこと。仮に思い込みがあっても、日々の活動の中で気づいて改善すれば問題はありません。

ご存じのように、「PDCAサイクル」とよばれる改善手法があります。

「Plan（計画）」→「Do（実行）」→「Check（検証）」→「Action（改善）」の頭文字をとって名づけられた手法で、「計画」して「実行」し、その結果を「検証」して「改善」していきます。改善のあとに、その内容を踏まえた再計画（P）を立て、ふたたび実行（D）→検証（C）→改善（A）することで経営が強化されていきます。

このPDCAサイクルが秀逸なのは、検証と改善が盛り込まれている点にあります。すなわち、**計画の作成段階から検証と見直しを前提にしている**わけです。

人間は万能ではない以上、どれほど情報を収集し、詳細に分析をおこなっても、計画には一定の不確実性がともないます。プランの練り込みは大事ですが、前提条件を完璧に把握した計画はつくりようがないのです。

しかも経営環境は変化していますから、今日正しかったことが、明日には正しくなくなるかもしれない。時間をかければ計画の完璧さを追求できるわけでもなく、逆に劣化していく可能性のほうが高いでしょう。

そうであるならば、まずは一歩踏み出し、計画を実行に移してみるほうがよほど建設的です。

行動し、結果が出れば検証可能となり、思い込みに気づけば改善可能です。そうやって**正しい前提条件に近づいていく**のです。そして、新しい前提条件をもとに計画をブラッシュアップすることで、より良い結果を導き出せるようになります。

「PDCAサイクル」が業績改善に与える影響

ところで、中小企業を診断した報告書を精査する仕事に3年ほど携わったことがあります。報告書には、専門家から見たさまざまな診断結果が掲載されていました。ちょうどそ

図表1-5 ■ 計画と業績推移の関連性

業績	計画＋運用		計画のみ		計画なし	
増加傾向	22	64.7%	22	42.3%	18	29.5%
横ばい	9	26.5%	18	34.6%	24	39.4%
減少傾向	3	8.8%	12	23.1%	19	31.1%
合計	34		52		61	

のころ、ＰＤＣＡサイクルを題材とした本を執筆中だったこともあり、計画と業績推移の関連性について調べてみることにしました。

報告書の内容から、企業を３つのグループに分けました。

１つ目は「計画＋運用」のグループ。計画を自主的につくり、その後も検証活動をおこなうなど、作成するだけでなく、運用している形跡も認められるケースです。

２つ目は「計画のみ」のグループ。計画を立てたものの、その後の運用は認められないケースです。取引先の金融機関から計画書を求められた、補助金を申請する際に作成した……など、必要に迫られてつくったが、作成後は見返していない企業が多いのが特徴です。

最後の３つ目は「計画なし」のグループ。文字どおり、そもそも計画を立てていないケースです。

以上の３グループの３年間の業績推移を比べたのが図表１－５です。

「計画＋運用」グループはトライ＆エラーを繰り返している企業です。やはり3グループの中で業績がもっとも良い傾向にあります。

「計画のみ」グループはそれよりも落ちますが、「計画なし」グループに比べると健闘しています。計画を立てるときに、何らかの分析や目標設定をするなかで気づきを得られているのではないでしょうか。

このように、**事業活動のなかでトライ＆エラーを重ねることが業績改善につながる**のです。

❷行動段階のジャマ

・思い込みを抱えた社長の言葉は従業員に響かない

「売り上げの動向から、商品Bのほうが間違いなく売れるのに」

「お客様の反応を見ても、こんなニーズはあるはずもないのに」

従業員がこうした思いを抱えたまま社長がトップダウンで活動を命じても、現場のモチベーションは上がりません。

社長自身の思い込みが強い場合、決定事項に対して社内が不満を抱く可能性があります。それでも計画を実行に移さないよりはましですが、従業員がいまいち動いてくれない場合は自分自身に原因があるかもしれないと、社長は常に現場の声に耳を傾けなければなりません。

行動に意味を感じさせる

ある建設会社が来店型の店舗をオープンしたときの話です。

同社の社長は、近隣地域への告知活動が重要と考え、若手社員にチラシのポスティングを命じました。社長は昔の成功体験から、数を配ってお客様を獲得しようと考えたのです。

一方の若手社員は不満でした。配る枚数が多く、歩き回るのは疲れるうえ、何より闇雲に配るだけでは「チラシを見ても来てくれるはずがない」と考えていたからです。

それでも社長が強く言うので、若手社員は嫌々ながらポスティングを始めました。

その後、２万枚を配布した時点で問い合わせはゼロ件。若手社員のやる気は日に日に落ちていき、成果も上がりません。

そこで社長は、「どういう行動をとれば成果につながるか」を若手社員たちと考えることにしました。結果、「リフォームを検討していると考えられる顧客に絞って配布する」との案が若手社員から出てきました。手あたり次第に配るのではなく、ターゲットを絞り込んで配布することにしたのです。

近隣地域の地図を見ながら、リフォームが必要な築年数と思われる家屋の多い地域に重点的に配布することに決め、チラシの内容もリフォームを全面的にPRするものに変更しました。

すると、あれほど消極的だった若手社員が意識を変え、合間を見つけて積極的に動き始めたのです。反応はすぐにはありませんでしたが、結果的に2、3件の問い合わせにつながったと社長は振り返ります。

後日、若手社員がこっそり打ち明けてくれました。

「最初、『とにかく配ってこい』と言われたときは嫌で嫌で仕方がなかったんです。だから枚数をさばけばいいやと思い、問い合わせなんて来るはずがないだろうと思われるところにもたくさん配りました。たとえば古い賃貸マンションは管理人がいないのでとがめられることが少ないし、集合ポストなので数が稼ぎやすかったです。

ただ、チラシがあふれているポストに自社のチラシを投函しながら、『何やってんだろう』とむなしかったですね。ゴミ箱に捨てようかと思ったときもありますよ。さすがにそれは思いとどまりましたけど。

一方、自分たちで案を出し、行動に納得できたあとの作業は苦ではなかったですね。意味を理解しているからやる気も出るし、仮に住人の方から話しかけられても、必要と考えられる場所に配っていたので自信をもってチラシを渡すことができました」

取り組み当初の数を配る作戦は、社長の成功体験がベースになっていました。しかしそれは社長の昔の経験(＝情報が古い【37ページ参照】)でしかなく、若手社員たちには理解されないばかりか、彼らのモチベーション低下をも招いたのです。そもそも過去の成功体験は偶然だったかもしれません。

ただしこの社長がすばらしいのは、実行した結果を受けて反省し、若手社員を巻き込んだプロジェクトに軌道修正したことです。**若手社員たちは自分たちで案を出すことで行動計画が我が事となり、積極的に動いてくれた**のでした。

社長の思い込みで現場に号令を出すのではなく、行動の意味を感じさせることでモチベーションを高められたのです。

中小企業の社長は、今すぐ「カンのメンテナンス」を実行せよ

中小企業の社長や従業員は間違いなくその業界、現場のプロフェッショナルです。

プロが考える対策は、外部の人間が立てた戦略や戦術よりも成功確率が高いと思います。それを阻害するのが、これまで述べてきた思い込みです。

では思い込みを排除し、業績を良くするためには何が必要でしょうか。

それが本書のテーマでもある「カンのメンテナンス」です。**カンと実態にズレを生じさせている思い込みを取り除き、正しい前提条件のもとに判断できる状態に戻す**のです。そうすることで判断力のキレが冴え、スピーディかつ適正な意思決定が可能となります。

思い込みを「見える化」する

まず大事なのは、カンとはあてずっぽうではないということです。占いでもなければ、特殊な能力でもありません。社長自身の経験則から導き出された知恵がカンの正体です。

ところが、本章で見てきたさまざまな思い込みが現状認識を狂わせて、間違った意思決定につながってしまう可能性があるわけです。

そこで思い込みを排除する必要があるわけですが、思い込みは往々にして主観的かつ個人的なとらえ方、あるいは感情に根ざしています。

そこで重要となるのが、数字による「見える化」です。**漠然とした思い込みの姿を〝経**

営数字の異常値〟としてとらえ直すのです。

■すべての思い込みは数字に表れる

本章で述べてきた思い込みは何らかの数字の異変として、どこかに必ず潜んでいると思ってください。

その異変とは、「売り上げ」や「利益」などのようなつかみやすい数字の場合もあれば、「リピート率」や「クレーム数」などのように一見すると分かりにくい数字の場合もあるでしょう。

いずれのケースでもいえるのは、**売り上げが伸びているときには、そうした異変は覆い隠されて見えにくい**ことです。湖底に大量のゴミが沈む湖のように、一見すると水面はきれいで何の問題もないように錯覚します。

ところが水面下には、社長自身も気づいていない思い込みが蓄積し、判断の狂いを頻繁に生じさせているのです。その判断力の低下がもっとも露呈しやすいのは、水面が下がって湖底のゴミがあらわになったとき、すなわち売り上げが低下したときです。

視点を変えると、売り上げが伸びている時期は、水面下でさまざまな思い込みが生じやすいともいえるでしょう。

■まずは経営数字の実態の把握から

カンのメンテナンスの具体的な方法は次章で詳述しますが、少なくとも社長は自社に関する重要数字を定期的にチェックしておくことです。重要数字とは、主要事業（製品や顧客層など）の売上高、キャッシュの動き、その他自社の重点施策に対する指標のことです。最低限、毎月の試算表からそれらの動向を把握しておくべきでしょう。

こうして**重要数字をチェックし、経営の実態をつかんでおけば、日々の経営判断の間違いを最小限に食い止められる**ようになります。

私たちのようなコンサルタントが企業支援をおこなう際、まず経営や財務の実態を分析し、社長や従業員の方々と数字のすり合わせをしながら論点を整理していきます。実態を明らかにして、社長や従業員が抱く数字のズレを正していくのです。この企業支援のプロセスと同じように、**思い込みを数字で見える化し、現状認識をメンテナンスすることで、カンと実態のズレを正すことができます。**

■「見える」と「分かる」

繰り返すように、実態を把握するためには、必ず目に見える状態にしなければなりません。

・何が売れているのかを知りたければ、商品ごとの売上高を表にする
・ある製品の売上傾向を知りたければ、売り上げの推移をグラフにしてみる

いずれも管理会計の基本中の基本ですから、「そんな数字の分析くらいさすがにやっている」という方もいらっしゃるでしょう。しかし私がおもに取引のある従業員数20、30人くらいまでの規模の企業では、こうした初歩的な数字の加工すらできていないケースが本当に多いです。

数字で見える化しなければ、「商品Aのほうが売れている」「いやBのほうだ」と不毛な水掛け論になってしまいます。商品Aと商品Bのデータが見える状態にあれば、どちらが売れているかは一目瞭然です。

見える化のメリットは、経営状態が把握できるだけにとどまりません。

それよりも大きな利点があります。**会社の実態が見える化されると業績悪化の原因が分かり、現状認識と前提条件が正されます。すると改善策の方向性が変わる**のです。

たとえば、「顧客の数が減ったから売り上げが減少傾向である」という現場感覚があったとしましょう。ところが分析したところ、「顧客の数自体はここ数年横ばいで、減った

のは買い上げ点数である」という結果が出ました。

こうして実態が明らかになれば、その状況を改善するための具体策を考えられます。実態が見える化されるまでは「いかに客数を増やすか」が議論の争点になりますが、可視化されたあとは「来てくれたお客様にいかに買っていただくか」が争点になります。

結果、取り組むべき施策が変わり、活きてくるのが現場のプロの知恵です。状況を正しく判断できた現場が「もっとこうしよう」とアイデアを出すことで、改善につながっていくのです。

■「分かる」と「動ける」

コンサルタントの仕事のひとつはいうまでもなく企業分析です。経営の資料を拝見し、問題点や課題を抽出し、改善策をアドバイスします。そうした一連のコンサルティングのプロセスのなかで、とりわけ手応えを感じるケースがあります。

それは、私が支援先企業に対して具体的な改善策を何も教えなかったときです。分析の結果を見た社長や従業員が「なるほど、そういうことか」と合点がいき、状況を理解して「ならばこうしよう」と改善策を自然と導き出せるときです。

自分たちで理解し、自分たちが考えた改善策に取り組むので、実現可能性がきわめて高

いです。分かるから動けるし、その行動の意味や目的が腑に落ちているので現場のモチベーションも高いです。

そうやって現場主導でトライ&エラーを繰り返しながら、業績を改善させていく姿を何度も目にしてきました。

〝できるのにやっていないこと〟に愚直に取り組む大切さ

業績を良くするために、まず考えるべきは〝できるのにやっていないこと〟です。

現場で実行可能で、取り組んだほうがいいのは明白なのにやっていない――どの企業にも、そうしたことが1つや2つは必ずあります。

たとえば「**既存顧客へのフォロー**」はどの企業もさぼりがちです。

「営業は売って終わり、お客様は買って始まり」という言葉もあるくらいです。多くの企業では売ったら即、つぎの新規顧客の獲得を目指す一方、お客様は買って使ってから疑問や不満などが生じてきます。

第4章の事例⑤（163ページ参照）でもお伝えしているように、「お客様を訪問してみる」「お客様が利用していない自社サービスを案内してみる」などのフォローが大事です。

「**各費用の振り返り**」も怠っている企業が少なくありません。第5章の総勘定元帳の箇所（254ページ）で詳述しますが、どの費用にどれだけお金を使っているか（たとえば取引先の担当者とバーで2万円使ったなど細かなことまで）をチェックするのが大事です。

あと「**整理整頓**」もいい加減な企業が多いです。さすがに製造業では5S（整理・整頓・清掃・清潔・躾）活動などに取り組まれていることが比較的多いですが、それ以外の業種の企業では軽視されている印象があります。探す手間や時間、いざ使おうというときに壊れていたなどのエラーを防ぐとともに、仕事の段取りにもつながるだけに整理整頓は重要です。

思い込みを解消したあとに着手する実行策の多くは、じつはこのような当たり前の取り組みです。いかにも難しい経営理論やカタカナ用語の手法ではありません。

しかし、こうした取り組みに対する社長のウケはよくありません。正直地味ですし、劇的な効果をすぐ期待できるわけでもないからです。

「うちみたいなダメな会社は早く結果を求めてしまうし、即効性を期待してしまう」

あるお客様がおっしゃった言葉です。

「もっと早く成果を出せる方法はないか」と、常に新しい取り組みを求めている社長がいます。そうした社長ほど、目の前の地道な活動を軽視し、自社の実力では難しい試みにチャレンジして失敗するのです。身の丈を超えた施策に取り組むたとえ半分の時間でも、〝できるのにやっていないこと〟に費やしていれば、業績に変化があったことでしょう。

目新しい対策にがむしゃらに取り組むより、まずは立ち止まって思い込みがないかを考え、あれば一つひとつ排除していく。そのうえで、〝できるのにやっていないこと〟に愚直に取り組む――そうすることで、業績を確実に向上させることができるでしょう。

第2章

「カンのメンテナンス」でキレのある判断力を取り戻せ

思い込みを取り除くための3大ポイント

前提条件を狂わせ、業績向上を阻害する「思い込み」を取り除くために、本章では「カンのメンテナンス」の方法を具体的にお伝えしていきます。

まず前提として、意識してもらいたいのがつぎの3つです。

❶ウラを取る
❷数字で具体的に表現する
❸どうすれば効果を測定できるのかを考える

順を追って説明しましょう。

❶ウラを取る

文字どおり、情報に接した際に「本当にそうなのか？」と確認することが大切です。
たとえば従業員から「商品Aが最近売れています」と報告を受けたら、「分かった」ですませるのではなく、商品Aが本当に売れているのかを確認してください。当たり前のことですが、できていない企業が多いです。

私自身も、お客様から話をうかがう際にはヒアリングした内容の裏づけをどう取るか、常に意識しています（お付き合いが浅く、詳しい状況を把握しきれていないお客様についてはとくに注意します）。

「この商品がいちばんの売れ筋です」

「こういうお客様層によく売れているんです」

お客様の話に耳を傾けながら、内心では（売上データと照合する必要があるな）とチェックしています。ヒアリングの時点では、お客様の話に思い込みが入り込んでいる可能性があるからです。

ある企業の従業員から「この商品は取引先のA社に好評で、先方の担当者は力を入れて展開してくれています」と言われたときのことです。本当かな？　とデータを確認すると、A社経由の売上高は下降傾向にありました。そこで実際にA社の店舗に行ってみると、競合他社の商品が棚を占めており、同社の商品は端っこに追いやられていました。

その従業員はいつも事務所でA社の担当者と打ち合わせをしていたので、現場を見ていなかったことが思い込みに拍車をかけていました。

ウラを取ることで、その情報の正誤を確かめられます。**情報が正しければ改善策の前提条件にでき、間違いであればその点を修正して正しい状況にもとづく判断が可能**です。

逐一確認するのは、最初は面倒かもしれません。しかし続けるほどに社内のデータが正しい情報にアップデートされていくので、確認の時間は次第に少なくなっていきます。

さらに「あいまいな報告をすると社長にチェックされる」と社内に周知されると、従業員はより正確な情報をあげてくれるようになるでしょう。

❷ 数字で具体的に表現する

前章でも触れたように、すべての思い込みは数字に置き換えることができます。したがって**数字で具体的に表現することで、すでにある思い込みをあぶり出せるとともに、事前に思い込みを防ぐことも可能**です。

たとえば、

・従業員から「たくさんあります」と聞いていたので安心していたら、在庫切れを起こしてしまった

・「今度やります」と言うので待っていたが、必要な時期が迫ってきているのに何の音沙

汰もない

こうした経験を一度や二度はしたことがあるのではないでしょうか。

不確かな言葉は状況を錯覚させ、思い込みの原因となります。だからこそ、「たくさんあります」ではなく「100個あります」。「今度やります」ではなく「9月下旬にやります」と数字を前提としたやり取りを社内に根づかせるのです。

中小企業の現場では、こうした「ものさしの違い」が引き起こすコミュニケーションエラーが頻繁に発生しています。

ある企業では、新サービスの導入を議論していた際に反対意見が出ました。理由を聞くと、「あるお客様がその手のサービスは必要ないと言っていた」というのです。

ここで重要なのは、どこのお客様なのか、何人のお客様がそう言っていたのか、具体化することです。顧客が1000人いる中での100人の声なのか、10人の意見なのか、たった1人の感想なのかで前提条件は異なります。

身近な例では、たとえば子どもがほしいものをおねだりするとき、「だってみんな持ってるもん」と言ったりします。「じゃあ誰が持ってるの」と聞くと、「AくんとBちゃん」

というように、ごく限られた範囲を〝みんな〟と表現したりします。

このような前提条件の食い違いは、ビジネスの現場でもよく見られます。

「たくさんある」ではなく「残り100個」と報告してくれていれば、今後の売上予測を見込んで追加発注をかけたかもしれません。「今度やります」ではなく「9月下旬に仕上げる予定です」と言われれば、「プレゼン日は9月15日だからチェックの時間も踏まえて12日にはほしい」と指示が出せたでしょう。

あいまいな表現を数字に転換することで実態が可視化され、コミュニケーションエラーを未然に防ぐことができます。

❸ どうすれば効果を測定できるのかを考える

中小企業は組織が小さい利点を活かして新しい取り組みを始めるのは得意ですが、その結果の効果検証をおこなうのは苦手です。

仮に**チラシのポスティングと地域誌への広告展開を図ったのなら、本来は各媒体の効果を検証すべき**です。そして、つぎの手（たとえばチラシの配布枚数を減らす一方、地域誌の予算配分を分厚くするなど）の検討に活かすのです。

しかし、こうした検証をしている中小企業は少ないです。効果を何となく実感し、両方とも惰性で続けるようなケースが驚くほど多いのです。あるいは漠然と続けた結果、効果をいまいち実感できないことから「広告なんて意味がない」と、これまた検証せずに両方とも止めてしまったりするケースもあります。予算の見直しは大事ですが、効果があったかもしれません。

実際、企業再生の支援をおこなうなかで、検証せずに広告をストップした結果、売り上げを一段と落としてしまったケースを幾度となく見てきました。

ある美容室の話です。

集客を目的としたキャンペーンのチラシを定期的に配布していましたが、売り上げが思ったように伸びません。どうすれば効果が出るだろうと試行錯誤していましたが、やはり成果が出ない。

そこで、チラシを出したときのお客様の来店状況を調べてみました。それが図表2－1です。

検証してみると、チラシを出したとき（キャンペーン期間）はそうでない時期と比べて来店客数が多いことが分かりました。

ところが、カット数は伸び悩んでいます。お客様はチラシを見て足を運んでくれてはいたのですが、待合席の様子を見て「混んでいるな」と思い、帰ってしまっていたのです。

図表2-1 ■ チラシ配布の効果検証

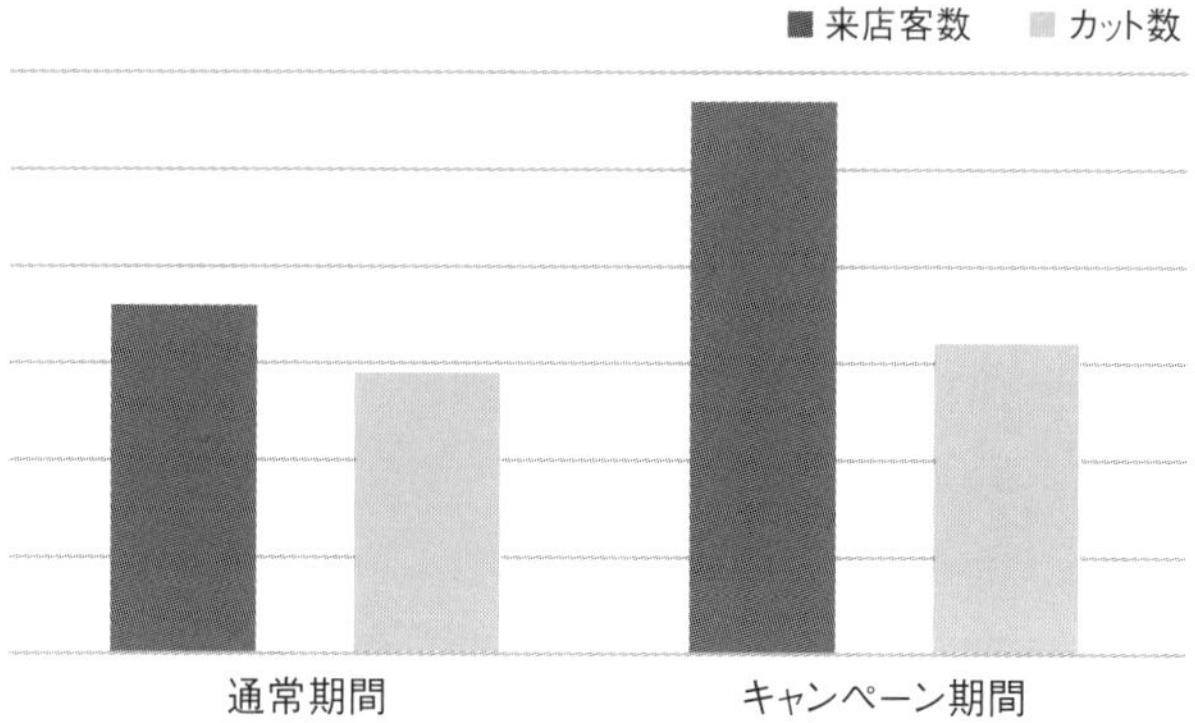

このため、来店客数は増えている一方、売り上げは伸びていなかったわけです。

このように、何か取り組みを実施したときに効果を測定しなければ、思い込みを助長し、誤った努力を続けるおそれがあります。

効果測定は、その施策の目的を問う行為でもあります。闇雲に検証すればいいわけではなく、その施策の意図した効果が得られているかを測定します。

先ほどの美容室のケースでいうと、仮に「来店客数の増加」を目指しているのであれば、「来店客数の推移」を確認しなければなりません。あるいは「新規顧客の開拓」を目指しているのであれば、「新規顧客の獲得数」を確認する必要があるでしょう。「美容グッズの売上アップ」を狙ったのであれば、「専売品の売り上げ」をチェックします。

勘違いしてはいけないのは、全体の売り上げが上がったのでそれでＯＫではない、ということです。全体の結果を把握するだけでは、狙った効果を得られたかどうかは判断できないからです。

施策の目的が、いつの間にか変わってしまうケースもあります。

ある店舗では「来店客数の増加」を目的にチラシを毎月１回、店頭で配布していました。ところが、いつの間にか「チラシを読んでもらう」ことに目的がすり替わり、店頭のチラシはよくなくなるのにもかかわらず、肝心のお客様は思うように増えない状態になっていました。

チラシが減った数という数値では順調でしたが、来店客数の増加という本来の目的は未達成といわざるを得ません。

財務分析を過信すると、やるべき対策を見誤る

カンのメンテナンスの具体策に入る前に、経営数字を見る際の弱点について触れさせてください。

企業の経営状態を把握する際、一般には「財務分析」がおこなわれます。財務分析とは、決算書などをチェックしながら企業の現状を確認することです。財務分析に関する講座や書籍はあふれているので、一度は目にしたことがあるのではないでしょうか。

一方、中小企業の現場で財務に関する分析がおこなわれたとしても、役に立っているとは思えないのが実情です。同業の後輩には、「財務分析だけでその会社の実情を把握できるとは思わないように」と注意するくらいです。

私が中小企業診断士の資格を取得した際、懇意の経営者からお祝いとともに言われた言葉があります。

「中小企業診断士ってあれだろ、県とかからやって来て、やれ流動比率がどうとか、見れば分かることをもっともらしくしゃべって帰るやつだろ」

結論から申し上げると、私たちのような外部の専門家が実のあるアドバイスをするためには、今ある資料や今後収集する資料をもとに、**見たいものを見ることができる状態に加工**しなければなりません。

たとえばA商品が売れている感触があれば、商品別の売上高が確認できるよう資料を加工する。毎月チラシを発行しているのであれば、その効果が確認できる資料をつくる――などです。

その経営者がおっしゃるような公式をあてはめるだけの分析では、「またか」と思われてしまいます。私たちコンサルタントの役割は、社長や現場からのヒアリング内容を裏づけるために数字を見える化し、支援先企業に気づきを与えることです。

あてにならない決算書類

あらかじめお伝えしておくと、私は財務分析そのものを否定する気はありません。ただ、中小企業の支援においてはこうした分析を過信していないだけです。

そのいちばんの理由が、決算書の精度です。中小企業の決算書は監査という手続きを踏んで作成されているわけではありません。監査とは、監査法人が企業の決算書をチェックし、適切につくられていますよとお墨つきを与えることです（それでもたまに大きな不祥事が起きますが）。

監査を受ける法的義務は、上場企業にはありますが、中小企業にはありません。そのため中小企業の決算書は、第三者機関による外部チェックがなされていないケースがほとんどです。もちろん、顧問税理士がいる場合は外部の目はそれなりに入っていますが、ノーチェックの会社も少なくありません。

もう少し突っ込んでいえば（そして誤解をおそれずにいえば）、税理士のレベルの差はかなりあるようです。仮に税理士のハンコが押してあっても、実態の数字とかけ離れた決算書は存在するからです。

たとえば製造業なのに、製造原価報告書が存在せず、粗利益率が90％という決算書がありました。作業者の人件費や光熱費などが原価にカウントされていないため、このようなすばらしい利益率となっています。この数字が本当に正しいのであれば、何か芸術作品を作成されているのでしょう。

ある販売店のデータを見ていると、直近期だけ粗利益率が10％近く増加していました。何があったのか社長にヒアリングしてみると、会長が会社に貸していたお金（役員借入金）を免除したそうです。それをそのまま売上高に入れたとのこと。

一般的には、このケースでは「債務免除益」といって「特別利益」に計上します。この販売店では売上高に計上したため、粗利益率が大きく増加しました。こうした事情を無視し、粗利益率だけを比較すればおかしな判断になってしまいます。

こうした事情から、**中小企業の財務諸表は会計の一般的な基準と単純には比較できない**と考えています。中小企業には各社独自のルールが存在しており、さながら甲子園のラッキーゾーンのような有様です。場合によっては、野球をやっているように見えるものの、じつはクリケットをやっていたというような状態が中小企業の決算書です。

中小企業と経営者の関係性

中小企業の決算書についてさらにいうと、会社と経営者との関係があります。

株式会社の基本原則は所有と経営の分離です。株主と経営者を分けることでお互いにけん制し合うことができ、コーポレートガバナンス（企業統治）の適正化が図れるのがその目的です。

しかし**中小企業は所有と経営がほぼ一体の会社が多く、決算書上の資産だけでは判断できない**ことがよくあります。

たとえば、決算書上ではキャッシュは少ないものの、社長が大金持ちというケースです。仕入れが増える時期には社長から会社にキャッシュを移動し、売り上げが入金されると順次社長の口座に戻していくような会社もあります。

こうしたキャッシュの流れの良い・悪いはともかく、企業単体の資産状況では経営を判断できないケースのひとつです。

結局、財務分析のあとにやらなければならないことがある

財務分析によって流動比率が低い、営業利益率が低いなど、経営や財務の状態を大まかに把握することはできます。しかし、**「見たいものを見ることができる状態」にするためには、**

資料や数字を必要に応じて「加工」し、より踏み込んで調査しなければなりません。

そもそも決算書とは企業の成績表のような資料で、日々の仕訳を集計してまとめたものが損益計算書や貸借対照表などで構成されているにすぎません。

損益計算書とは一定期間の経営成績を示した資料であり、貸借対照表とは一定時点における財政状態をまとめた資料をさします。いずれも日々の取引が見えるわけではないため、決算書を眺めるだけではいわゆる大きな数字を把握することしかできないのです。

たとえば日々の活動でお金の流れがともなうものは、簿記の手順に則って仕訳されます。いつ、何に、いくら使ったかは損益計算書だけでは把握できません。一つひとつの伝票や領収書を確認しなければ分かりません。

現場でよく見かけるのは、人件費や交際費、広告宣伝費のボリュームを上辺だけで判断し、それらの予算を削減した結果、売り上げの低下を招いて業績が悪化するケースです。金額の大小だけを表面的に把握し、それらの予算が業績にどう貢献しているのか検討せずに手を打つと、思わぬ副作用を起こすことがあります。

これも「思い込み」が引き起こす失敗のひとつといえるでしょう。

あてにならない業界平均

ところで、「業界平均と比べて」という表現を目にしたことがあるはずです。何かの数字について良い・悪いの判断を下すには比較対象が必要なので、ビジネスの現場でよく用いられます。

身近な例でいうと、たとえば子どもから「テストで50点取った」と報告されても判断は難しいです。平均点が30点だったのか、80点だったのかによって子どもの点数の位置づけは変わり、声かけの言葉も違ってきます。

財務分析でも同様ですが、じつはこの〝平均〟があてにならないのです。

理由は大きく2つあります。**1つは業界平均というものさし自体がそもそも怪しいこと、そしてもう1つは事業構成が違うと正確に比較できない**ことです。

まず業界平均については、〝平均〟とうたっておきながら、調査対象の母数が少なすぎるケースがあります。数十万社や数百万社の企業数があるなかで数十社程度の平均値で比較すると、1社イレギュラーの数値があるだけでも平均値は大きく変わってしまいます。

つぎに事業構成の違いです。複数の事業を展開している企業の場合、どの業界の平均と比較すべきか判断しにくいケースがあります。金属部品加工とひと口にいっても扱う製品はさまざまです。同じ加工をしていても、材料支給なのか、そうでないのかで利益率は変わってきます。

加えて、多くの中小企業は何らかの副業をおこなっています。土地を貸すなどの不動産事業を展開しているとか、半分趣味で飲食店を経営しているとか、売上比率は微々たるものの裏の畑で取れた野菜を売っているとか……。

こうした事情から、そもそもの比較対象を選択するのは難しく、どの業界平均を適用しても正確な比較は困難といわざるを得ません。

そのため私は、企業分析をする際は、業界平均などの同業者比較は参考値程度に考えています。

一方、**頼りにしているのは「自社比較（過去比較）」**です。あてにならない業界平均を持ち出すより、自社比較（過去比較）であれば少なくとも同じルールが適用されている可能性が高いからです。

第3章・第4章で紹介する事例は、いずれも自社比較で状態を把握しています。

思い込みを排除し、業績を向上させる「カンのメンテナンス」

さて、いよいよカンのメンテナンスの具体策をお伝えしていきましょう。

といっても、難しいことは何もありません。
ポイントはつぎの2つです。

❶データを集める
❷データを加工する

実際の企業支援の現場では、データを集めて加工することで気になる点が表れ、それを調べるために再度データを集めて加工する——このプロセスを繰り返しながら経営実態を明らかにしていきます。カンのメンテナンスも、基本的には同じプロセスをたどります。

❶データを集める

分析するためのデータ収集からスタートするわけですが、先に注意点をお伝えしておきます。**今ある資料で分析を始め、どうしても見たい数字が見えないときに新たにデータを収集するのが原則**ということです。いきなり手間をかけるのはやめてください。

データを集めるというと、新しくアンケートを取ったり、何かを集計したりといった準備をイメージする方がいます。データを収集するにはコストがかかります。いきなりとりかかるのは得策ではありません。

最初は、貸借対照表や損益計算書、月次試算表、請求書や領収書、社内の管理データなど、すでにある資料でまかないましょう。

ちなみに独自ルールにもとづいた決算書でも、自社比較であれば分析データとして活用できます。ただし、自社比較でもあてにならない面はあります。たとえば、ある決算期から仕訳の仕方を変えたなどの場合です（例：販管費に入れていた製造人件費を製造原価に計上するようにしたなど）。

それでも他社の決算書とは違って数字の中身を確認できるので、この部分はあてにならないがここは問題ない（例：原価率は単純比較できないが、営業利益率以降は問題ない）といった判断ができます。

あるいは何を変更したのかは分かっているので、必要に応じて過去の決算書を現行基準に引き直して比較することも可能です。

・まずは全体の傾向を調べる

今ある資料をそろえたら、まずは**全体の傾向――売上高（できれば部門別）や主要費用（原価、販管費など）の推移――をおさえる**ことが大事です。そして気になる項目や数字をチェックし、そのための調査をおこなっていきます。

たとえば、「雑費」が年々増えてきているものの、理由がよく分からないので「総勘定元帳」を見てみよう、といった感じです。

私はお客様の総勘定元帳を定期的に拝見します。そして気になった項目の数字を一つずつ、「この○○に支払っている会費は何ですか」などと社長に質問していきます。

スムーズに答えられる場合は問題ありませんが、「そういえばこんな費用があったな」と記憶があいまいの場合、「これって必要ですか」とたずねます。社長がその費用項目を覚えていればまだましで、「これって何だっけ」と忘れているときもあります。こうした、**「そういえばこんな費用があったな」「これって何だっけ」というコストの中に、必要のないものが混ざっている可能性が高い**のです。

ある会社では「××市（同社の拠点がない地域）固定電話」という費用があったので確認したところ、社長もよく分からないとのことで調べた結果、昔入札に参加していた時代の名残で今は必要ないと判明しました。

長年、費用をチェックしていない会社は要注意です。私のこれまでの経験では、月間50万円の無駄の削減につながったケースもありました。年商1億円の会社ですので大幅な利益改善です。

何かを購入・契約する際には資料を見て比較検討し、慎重に判断するものです。しかし、過去から続いている費用に対しては注意をあまり払いません。

契約前は「月額3000円か……」と慎重に判断する一方、すでに毎月引き落とされている3000円には無頓着です。こうした小さな数字が積み重なって大きなコストになります。

費用は100倍の売り上げに匹敵するというのが会計の常識です。

経常利益率1％の会社が、経常利益を1万円増加させようと思えば、単純計算で売り上げを100万円増やす必要があるということです。先ほどの月間50万円の無駄を削減した企業の場合、年間600万円の費用が浮いたわけですから、単純計算ですが年間売上高6億円に匹敵する削減効果ということになります。1万円の無駄のカットを過小評価しないでください。

ちなみに、すでに課題が明らかになっている場合でも、先に全体の傾向をおさえておきましょう。理由は、明確だと思われる課題すら、思い込みの可能性があるからです。

企業支援の現場でも同様、社長は課題を認識していると思われる場合でも、手持ちの資料で全体の傾向を把握するところから始めます。結果として、社長の感覚とデータが一致しない箇所が表れ、その思い込みがきっかけとなって改善につながるケースも少なくありません。

気になる点を個別に調査していく

全体の傾向から気になる点が見つかると、その原因を分析する段階に進みます。この際も社内にある資料や数字をもとにして、それでも足りない場合は新しく集めましょう。

たとえば、

・仕入商品の中で何が増加しているのかを知るために、過去の伝票を集計してみる
・どんなお客様が来ているのかを知るために、来店客の属性と数を調査してみる

といった感じです。

なお、新しくデータを集める際にも注意点があります。それは**できるだけ簡単であること**です。手集計や今あるシステムをベースに集計し、自動化できる場合はそうしてください。仮に新たな作業が発生する場合でも、今の業務プロセスにひと手間加える程度にとどめるのが望ましいです。

理由は2つあり、1つは**コストをできる限りかけない**ためです。

データは集めて分析してみなければ、自社に必要かどうかは分かりません。数か月や半年程度をかけて取得したけれど、結果的に使わなくなった、あるいはそもそも意味がなかった、といったデータも少なくないのです。そうなると、収集するために費やしたコストが無駄になります。

したがって、仮にシステムに投資をする場合でも、データの有用性が明らかになってから遅くありません。自動化についても同様、いきなりの投資は避けてください。

そしてもう1つの理由は、**データ収集はある程度の継続が必要**だからです。

「三日坊主」という言葉もあるように、何かを始めて続けるのは難しいものです。「数字を記録する」「一日1つ報告する」といった小さなことでも、実際の現場で定着させるのは簡単ではありません。だからこそ、〝現状プラスひと手間〟がキーワードです。

余談ですが、簡単なことを続ける習慣が身につくだけでも企業は成長します。

たとえば、売り場で気づいた点を毎日1つ、ノートに記録してみるなどです。こうしたシンプルな収集方法を続けるだけでも現場の状況が把握でき、組織改善にもつながります。

ところが「毎日1つでいいです」と伝えると、「そんなに少なくては効果が薄いのでは」と首をひねる社長がいます。

しかし考えてみてください。社員が5人いれば、1日5つの気づきが記録されます。10

日で50個、ひと月で100個以上です。こうして考えると、〝1つ〟の価値を実感できるのではないでしょうか。

❷ データを加工する

このプロセスが、カンのメンテナンスでもっとも重要な作業です。

決算書を眺めるだけでは、そこに並んでいるのは全体の傾向を把握するための大まかな数字にすぎません。**集めたデータを加工することで、自社の経営実態をあぶり出すための〝魔法の数字〟に変わる**のです。

ではデータの加工とは具体的に何をするのか。

実際には、それほど難しい作業ではありません。基本的には「並べる」か「比べる」です。あとは、その過程で「まとめる」と「分ける」作業も必要になってきます。

「えっ、それだけ？」と思われるかもしれませんが、まさしくそれだけです。

「並べる」「比べる」「まとめる」「分ける」の4つの切り口でデータを加工することで思い込みを取り除くことができ、正しい前提条件のもとに意思決定をおこない、業績を向上させられるようになります（図表2－2）。

一つずつ、詳しく見ていきましょう。

図表2−2 ■ カンのメンテナンスで思い込みを取り除き、業績を向上させる

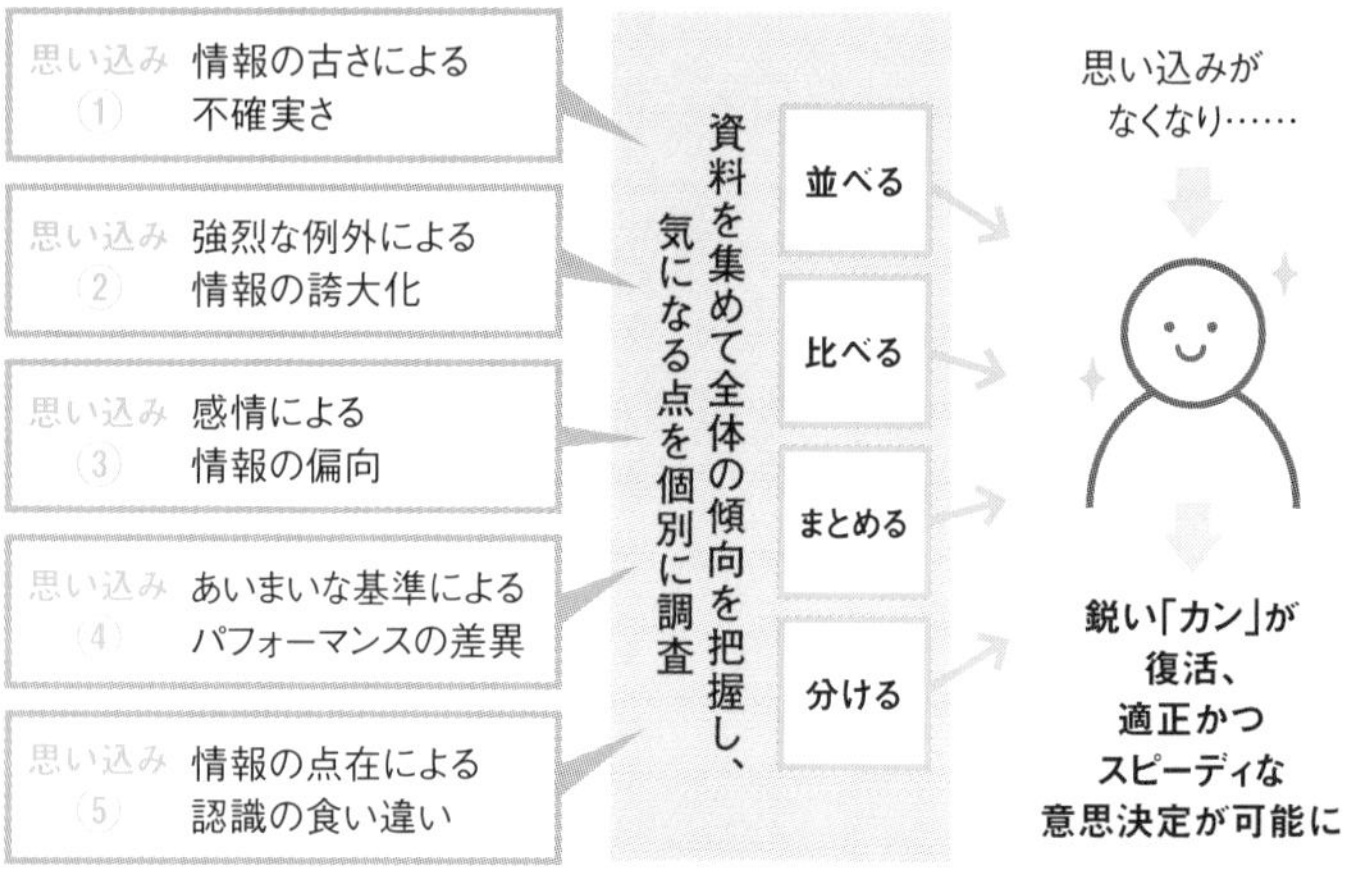
思い込み①
情報の古さによる不確実さ
思い込み②
強烈な例外による情報の誇大化
思い込み③
感情による情報の偏向
思い込み④
あいまいな基準によるパフォーマンスの差異
思い込み⑤
情報の点在による認識の食い違い
資料を集めて全体の傾向を把握し、気になる点を個別に調査
並べる
比べる
まとめる
分ける
思い込みがなくなり……
鋭い「カン」が復活、適正かつスピーディな意思決定が可能に

●時間による変化を知り、改善策を見出すための「並べる」

特定の項目を時系列に並べ、時間による変化を知るための加工です。

たとえば、

・売上高が10年間でどのような動きをしているのか
・顧客の平均年齢は10年間でどのような動きをしているのか
・外注比率はここ3年間でどのような動きをしているのか

といった具合です。

財務分析の項目で触れた子どものテストの事例でいうと、「50点」という情報

だけでは判断は難しく、平均点と照らし合わせることで立ち位置を把握できるということでした。

ただし、平均点と比較しているだけでは、まだ間違った指導が起きる可能性があります。というのも、いつもは90点取れる生徒が50点しか取れなかったのか、いつもは20点しか取れない生徒が50点も取ったのかによって指導や声かけの内容が変わってくるからです。

仮に前者であっても、体調不良や家庭の事情など何らかの要因があったかもしれません。あるいは単純にサボっていただけかもしれません。そうした背景も把握できれば、指導の方法や内容は大きく変化するでしょう。

ビジネスの世界も同様です。企業の業績は、その瞬間だけを見て判断することはできません。上がり調子なのか、下降気味なのか。利益は少ないものの、長く改善を重ねてようやく上昇傾向に転じたのか。過去の取り組みが奏功して利益は出ているものの、中長期的には衰退傾向が続いているのか——。

そうした傾向を調べる際、「並べる」が活きるのです。**時間による変化を知ることで打つ手が変わり、改善策を見出せる**のです。

データを比較し、選択と集中に活かすための「比べる」

何らかの数字について良い・悪いの判断を下すには比較対象が必要です。そこで「比べる」を使います。「比べる」とは文字どおり、AとBを比較するためにおこなう加工です。

たとえば、

・商品Aと商品Bの年間の粗利益額を比べて、どちらが利益貢献しているのかを調べる

・チラシと地域誌の問い合わせ件数を比べて、費用対効果が高いのはどちらかを調べる

・自社の基準値と比べて、この部署の改善提案の数は多いのか少ないのかを調べる

といったケースです。

中小企業の経営資源には限りがあります。業績を向上できるか否かは、その貴重な資源を効果の高い取り組みにいかに集中できるかにかかっています。そこで**取り組みごとの結果を「比べる」ことで効果が明らかになり、活動や事業の選択と集中に活かせる**のです。

従業員の「ものさし」をそろえるという意味でも「比べる」は大事です。

営業スタッフに「がんばって訪問数を増やしてください」と言っても、どのくらい訪問

するかは各従業員の「ものさし」次第になってしまいます。結果、「Aさんはぜんぜん訪問できていない！」「営業をがんばっているのに社長が文句を言ってくる！」と非難し合ったりします。

「1日5件」などと基準を設けておけば、「やった」「やっていない」の無意味な食い違いを防げるうえ、各従業員の動きを把握しやすくもなります。

・全体像を大まかに把握し、傾向をつかむための「まとめる」

「並べる」「比べる」の過程で、必要に応じて「まとめる」「分ける」もあわせておこないます。

「まとめる」から見ていきましょう。

項目を細分化して分析を試みようとすると、必要以上に時間がかかってしまうことがあります。その場合、**何らかのグループでまとめることで全体像を効率的に把握し、傾向をつかめる**ようになります。

たとえば、各費用の傾向を一つずつ調べようとすると、数多くのグラフができあがってしまいます。そこで「人件費」「施設費」「販促費」「その他経費」などのグループにまとめ、それぞれの傾向をつかむのです。

あるいは小売業の場合、「家具全体の売上傾向」や「雑貨商品の売上傾向」といった一定の商品カテゴリでまとめるのも効率的です。

●グループを分解し、傾向をより具体化するための「分ける」

ただし、一定のまとまりの中にさまざまなレベルの項目が混在していると、傾向が見えづらくなります。そこで**中身を分けて分析することで、傾向がより具体的に見える**ようになります。

中小企業によくあるケースでは、「雑費」という勘定科目にいろいろな費用（クリーニング代や手数料、洗車代など）が入っていることがあります。費用の管理という面では分けるのが望ましくても、顧問税理士が仕訳のルールを作成すると、雑費でひとまとまりにしてしまいかねません。

しかし決算書は税務申告で使うだけの資料ではありません。個々の会社の状況に応じた科目を設定することは、試算表や決算書を経営管理に活かすためにも大事です（過去に見た決算書で「役員借入金　奥様」という科目がありました。イレギュラーではあるものの、分かりやすいですし、あえて奥様だけ分けている点に何らかの意図を感じます）。

このように、「雑費」などでひとまとまりにされているグループを分解することで、たとえば「ゴミの処分料」の費用が大きく、さらに年々増加しているといった傾向が見えてきたりします。

「商品別の売上高を見る」「事業別の収益状況を見る」なども「分ける」の例です。総勘定元帳で費用をチェックする話をお伝えしましたが、これも「分ける」の使用例です。

以上のように、決算書という一定の期間や時点でまとめられた資料から問題点を抽出し、「並べる」「比べる」「まとめる」「分ける」を使い分けてデータを加工し、原因を個別に調べていくのです。

こうしてデータを収集・加工しながら分析することで思い込みが取り除かれて、自社の経営の実態を効率的に、そして効果的に把握できるようになります。その結果、中小企業社長の持ち味である鋭いカンがよみがえり、適正かつスピーディな意思決定が可能となるでしょう。

それでもうまくいかないデータ活用——3つの注意点

ただし、データ活用には注意点があります。データ活用の有用性を知り、自社に取り入れようと試みながらも、うまくいかない企業が少なくありません。なかでも陥りやすいケースはつぎの3つです。

❶答えを求めて動けなくなるケース
❷すぐに成果が出ないと新しい手法に走るケース
❸形式化しているケース

❶答えを求めて動けなくなるケース

分析にはA＋B＝Cのような公式があり、公式に正しくあてはめれば完璧な分析ができると勘違いしているケースです。しかし、実際に分析を始めてみるとなかなか正解が分からずに前に進まないのです。

この本でお伝えしている内容は、一般には「管理会計」とよばれるジャンルに属します。管理会計とは、自社の経営の実態を分析し、その結果を経営の意思決定や業務改善などに活かす社内向けの会計です。この言葉に馴染みのない方でも、損益分岐点や部門別管理といった言葉を聞いたことはあるでしょう。

こうした管理会計の解説は巷にあふれており、少し調べれば定義や公式が山のように出てきます。ここで、私たち日本人が慣れ親しんだテスト勉強のクセが悪さをします。つまり、公式に正しくあてはめなければ答えが出ないという思い込みです。

実際、質問をよく受けます。

「損益分岐点を計算する際、変動費と固定費の数字はこれで正しいですか」

「部門別管理をおこなううえで、この費用はどこに配分すればいいですか」

結論を申し上げると、100%の正解はありません。限られた情報の中で「これは変動費です」と言い切ることはできませんし、複数の業務に携わっている従業員の人件費の正確な配分など不可能ではないにしても、割り出すために費やすコストとその意味を天秤にかければ割に合いません。

大事なことは、**意思決定に活かすために「何を見たいか」**です。

・どのくらい売り上げを伸ばさないと利益が出ないか目安を知りたい

・各部門の収益がどのくらいかを把握したい

こうした分析の目的がぶれないよう意識してください。

ところが実際には分析を続けるうち、正しい計算の追求に主題がすり替わっていきます。その時点で手に入る情報をもとにして、それ以外の分からないところは、それこそ〝感覚〟でいいのです。

事業は学校のテストではないので、絶対の正解はありません。「人件費の配分はこれくらいかな」と仮でもいいので決めて分析を始めて、記録をつけるなり調整するなりしながら自社に合った計算方法を見つけ出していくことが大事です。

たとえば「人件費の配分は売上按分で」と決めて始めたところ、どうも実態と合わないと分かりました。そこで、配分方法を所属部門に付けようとか、日報からおよその作業割合を出して按分しようとか、現場の実情と実現可能性を加味した方法に変えていくようなことです。

❷すぐに成果が出ないと新しい手法に走るケース

分析や取り組みを始めてまだ数か月なのに、「何も成果が出ない」「実施する意味があるのか」と疑問を抱き始めるケースです。その間に新しい手法を聞いて試したくなり、「今やっていることは効果が出ていないから新しいやり方に変更する」と分析も含めた取り組みをコロコロと変える社長もいらっしゃいます。

データは一定の量を蓄積しなければ価値をもちません。**ある程度の量や時間的な推移がなければ、分析によって何らかの傾向をつかむことは難しい**です。

加えて、ビジネスの業種業態によっても必要な期間は変わってきます。

たとえば、スーパーの特売チラシの効果を測るのが目的の場合、数か月や半年といった比較的短期間でも何度か測定すれば傾向が見えてくる可能性があります。一方、1つの契約を取るのに時間がかかる産業用機械の販売会社が広告を打った場合、半年程度の期間の分析では傾向を把握するのは難しいでしょう。

いずれにせよ、業績向上を目指して新しい取り組みを実施しても、それが成果に結びつくまでには一定の時間がかかるものです。成果が出ないと焦り、新しいことに次々と手を出していくのはおすすめできません。少なくとも半年。できれば1年は続けることをおすすめします。

③ 形式化しているケース

形式にこだわりたい人が陥りやすいケースです。きちんとした報告書や経営分析があるだけで経営をやった気になっていませんか？

所定のフォーマットで作成した資料をもとに毎月会議を開いているものの、話し合われる内容は形骸化している企業があります。従業員は会議のための資料をつくっているような状況です。

資料にはさまざまな情報が掲載されていますが、読み上げるだけ、確認するだけ、話を聞くだけ、怒るだけ、言い訳するだけ……など、何のための会議なのか、そして何のためのデータなのかよく分からない有様です。

ある支援先企業では、あまりにしっかりした資料を毎月作成しているので、「社長はこれを見てどんな判断をしているのですか」とたずねてみました。答えは、「……とくにありません」でした。

経理部長が資料をつくり始め、何かの参考にしていたそうです。その後、その経理部長が退職したこともあって形骸化してしまいました。ところが社長は「せっかく従業員がつくってくれるから」と黙認し、一方の従業員は「毎月つくらないといけないから」と継続していたのです。

結論を言うと、資料の体裁にこだわる必要はありません。社内で使う資料であれば、まとめ方が毎月変わっても大丈夫です。社外に対する報告資料がコロコロと変わるのは問題ですが、社内資料は目的や状況に応じて変えていけばいいのです。

ただし、ここで注意すべきは、**ＩＮ（始めること）とＯＵＴ（やめること）のバランスをとること**です。

前述のように、中小企業は小回りの利く組織体制を活かして始めるのは得意ですが、やめるのは苦手だと感じます。

項目を増やすのであれば、同時にやめることも考える必要があります。私見ですが、１年以上役に立っていない項目は割愛すべきでしょう。やめるルールをあらかじめ決めておくか、定期的に項目を見直す機会を設けるなどして、より効果的、効率的に自社の現状を分析できる状態を目指す必要があります。

第3章

業績悪化のターニングポイントを知り、改善策を見出すための「並べる」

「並べる」ことで傾向を把握し、改善に活かす

本章では、データを時系列に「並べる」ことで時間による変化の傾向を把握したうえ、その状況に対応することで業績が回復した4社の事例を紹介していきます。

ちなみに、4社の社長はいずれも過去の経験や蓄えた知識から、自社の苦境を外部環境のせいにしたり、「こうしなければならない」という思い込みにとらわれたりしていました。第1章で説明した「①私は悪くないタイプ（34ページ参照）」、あるいは「②あるべきタイプ（35ページ参照）」の人たちです。

各社の社長が自社の現状を把握し、思い込みから解放されることで適切な判断力を取り戻し、状況の改善につながったことで収益UPを果たしています。

どの会社もごく普通の中小企業ですし、いずれの改善策も先進的な内容ではありません。一般の企業でも現状を把握することで、経営を立て直すことは可能だと知ってもらえればと思います。

事例1

「移動年計」で業績低迷のターニングポイントに気づき、自らの行動を見直して売上高の増加と黒字化に成功

会社概要

会 社 名：アリバ建設（仮称：個人事業主）
業　　種：建設工事業
年　　商：6000万円
従業員数：４名
業　　歴：18年

社長の悩み

高校卒業後に建設会社に就職し、現場で仕事を学んできました。10年ほど勤めたあと、独立して現在に至っています。

私は学生時代に運動部に所属していたことから礼儀や挨拶を重視しており、現場でも積極的に挨拶をしてきました。そのような姿勢が元請企業から評価を受け、発注や他社の紹介を受けて売上規模を拡大できたのではと思っています。

しかしながら、近年は業界全体の仕事量が減少していることもあり、当社の受注額も年々減少しています。ピーク時の受注額は9000万円ほどありましたが、現在は6000万円規模にまで低迷しています。

本業は回復の見込みがないので、何かよい新規事業はないでしょうか。

日々の小さな行動の中にリスクが潜む

企業活動はいわゆる「ゴーイング・コンサーン（企業は永続するという仮定）」が前提ですから、一過性のイベントに踊らされてはいけません。

外部環境が急激に変化すると、中小企業の屋台骨は脆弱であるがゆえに、経営に少なくないダメージを受けるでしょう。しかし継続を前提に考えた場合、そうした変化は定点のイベントにすぎません。外部環境の変化が大きいほど、リスクに否が応でも気づくため、早期の対策が可能といえます。

むしろ**長い経営人生で気をつけるべきは、内部環境の小さな行動の変化**です。経営は人生と同じで、日々の行動の積み重ねが最終的に結果となって表れます。食生活の乱れや運動不足といった日常生活の変化が急に体に大きな影響を与えることはありませんが、そうした習慣の乱れが年単位で蓄積すると思いもよらぬ病気を引き起こす可能性があります。

会社も同様です。小さな行動の変化が、あとから振り返ればターニングポイントだったということがあります。ところが変化がゆっくりなので、社長自身が思い込みに気づかず、業績が悪化した原因として見つけにくいのです。

こうしたターニングポイントに気づくことで、問題の真因を見つけ出して売り上げの回復を果たした事例を紹介しましょう。

若さと行動力でゼロから立ち上げた建設会社

アリババ建設（仮称）は現社長が1997年に創業した建設会社です。前職時代から付き合いのある取引先を中心に事業をスタートし、技術的にも人間的にも信頼できる社長の仕事ぶりが評価されて仕事の紹介が増えていきました。

さらに積極的に設備投資をおこなうことで対応できる工事の幅を拡大。社長がいちからていねいに教え込んだ3人の職人たちも各現場を任せられるまでに成長しています。

ところが2015年、大型の設備投資をおこなった直後に主力の取引先が廃業。受注量が大幅に減少して赤字に転落してしまいました。

「それまでは順調に経営できていたのですが、設備に投資した分の工事量が確保できなくなってしまって。そこからですね、厳しくなったのは……」と社長は振り返ります。

新しい取引先を確保して売り上げの回復を図りたい考えですが、

「業界全体としても仕事量が減少しているので、そう簡単には獲得できるものではありません」と社長はおっしゃいます。

資金繰りに奔走する間も、売り上げの減少は止まりません。その結果、９０００万円だった売上高は、３年間で６０００万円を切る水準にまで低迷していました。

ヒアリングをしたところ、

「ここまで市場が低迷しては大きな回復は望めないどころか、減少の一途である」

「何とか資金を回せるようにコスト削減をしているがこれも手詰まり感がある」

といった様子で社長からはややあきらめムードが漂っていました。

一方、元来行動力のある社長だけに前を向いてはいます。

しかしながら、

「建設業はもう見込みがないので、何か儲かる新規事業はないでしょうか」

とその積極性が空回りし、夢のような話に意識が向いてしまっている状況です。

主語が〝他人〟になっている

社長の話をうかがうなか、とくに違和感を覚えたことがあります。

悪くなった原因を語るとき、主語がすべて〝他人〟だったのです。

「主力の取引先が廃業したから」

「市場が低迷しているから」

と、自分以外の他人や外部環境が主語になる言葉を多用しています。

一概には言えませんが、**主語が他人の言葉遣いをしやすい経営者は物事を他責的に考える〝私は悪くないタイプ〟の傾向がある**ため、状況が悪化すると自己分析が甘くなり、結果、対策も不十分になるケースが多いです。

一方、そうした経営者は往々にして、うまくいっているときの主語は常に一人称、つまり自分（あるいは自分たち）です。実際、アリバ建設の社長も経営が好調だった過去について語る際には、自分たちが主体的にどう動いてきたかという話がほとんどでした。

たとえば、ゼロから年商９０００万円に届くまで成長した要因を話す際には、

「私は礼儀や挨拶を重視しており、現場でも積極的に意識してきました。そうした姿勢が元請企業から評価をいただき、発注や他社の紹介を受けて業績を高めることができました」

ところが、取引先が廃業した時期あたりから、自分が何を考えどう動いたのかという主体的な話が一切なくなります。

原因は自分にもあると気づいてもらうために「並べる」

取引先から懇意にされるパワフルで前向きな創業者は、ある時期を境にあきらめムードの経営者に変わりました。

この変化の起点——すなわちターニングポイントを知り、正しい前提条件を設定しなければ、どのような改善策を掲げても成果をあげられるとは思いません。もしも、夢のような新規事業があるのであれば、私がご教示いただきたいところです。

ともあれ、外部環境に原因があると思い込んでいるアリバ建設社長に、低迷の原因は自分にもあることに気づいてもらわなければ前に進めません。

そこで社長の思い込みを解くために、

- **売上高の移動年計**

を出してみることにしました。

中長期的な傾向が把握できる「移動年計」

移動年計とは、**月々の変化や季節変動などに左右されず、中長期的な傾向を把握するために使用する分析手法**です。

支援先企業が作成した資料を拝見すると、月次の売り上げを並べたグラフをよく目にします。しかし季節変動による影響が大きい場合、月次のグラフでは中長期的な傾向をひと目で把握しづらい問題があります。

一方の年計とは、文字どおり〝直近1年間分の合計〟です。たとえば令和2年12月の年計売上高は、令和2年1月から令和2年12月までの売上高合計になります。それを1か月ずつ移動させていきます。ひと月さかのぼり、令和2年11月の年計売上高の場合、令和元年12月から令和2年11月までの売上高合計、令和2年10月の年計売上高の場合、令和元年11月から令和2年10月までの売上高合計、といった感じです。

以上のように、合計する月をひと月ずつずらしていき、各月の売上高合計を並べてグラフにします。

図表3-1 ■ **月次推移**

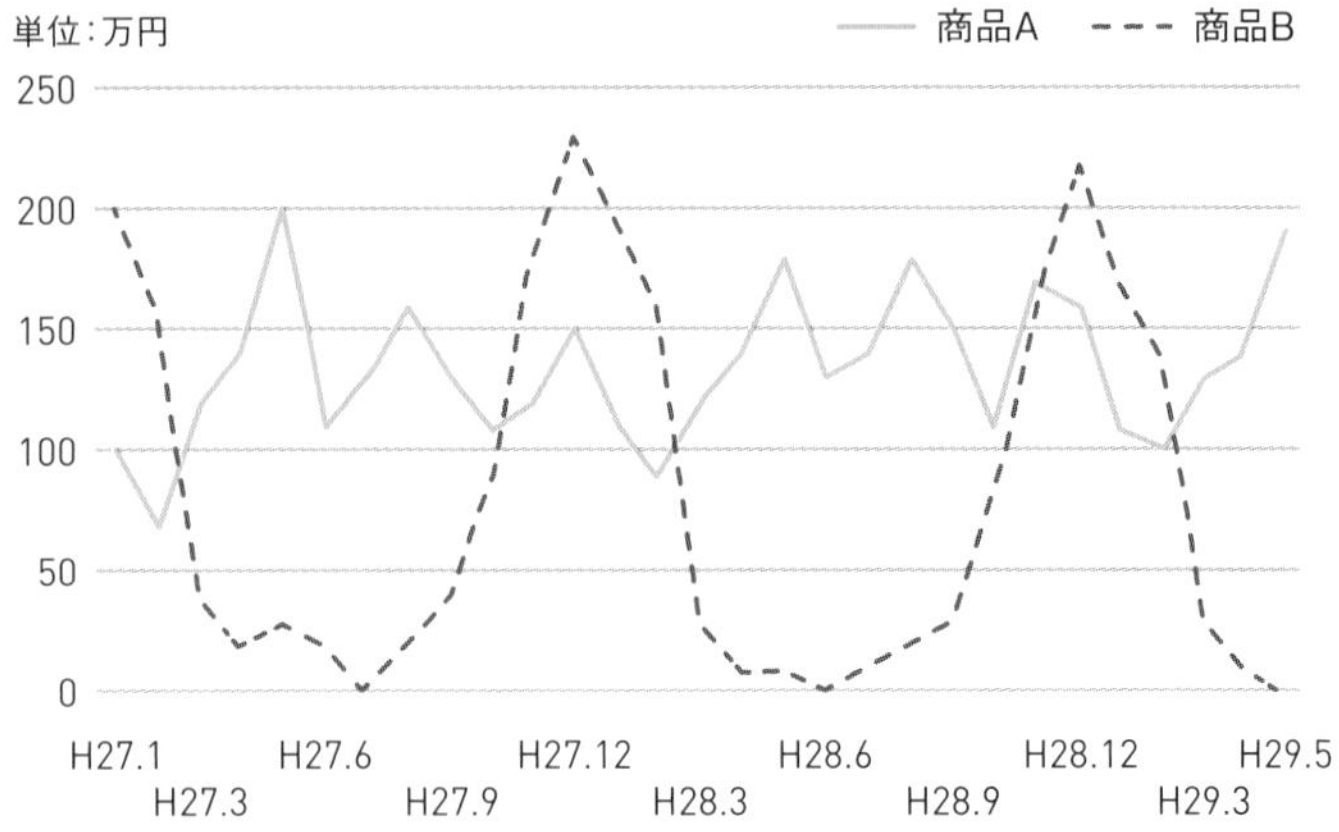

例を見てみましょう。

ある会社に商品Aと商品Bがあるとします。

まず、その月次の売上高を並べたグラフが図表３−１です。商品Aは一年を通して比較的安定して売れていますが、商品Bは冬によく売れる一方で他の時期は大きく落ち込んでいます。

このように、月次推移のグラフでは季節変動はよく理解できますが、売り上げが伸びているのか落ちているのかといった〝傾向〟はひと目で分かるでしょうか？　いまいちつかめないはずです。

そこで移動年計の出番です（図表３−２）。月次推移のグラフと比べて商品Aと商品Bのイメージが変わるのではないでしょうか。

図表3-2 ■ **移動年計**

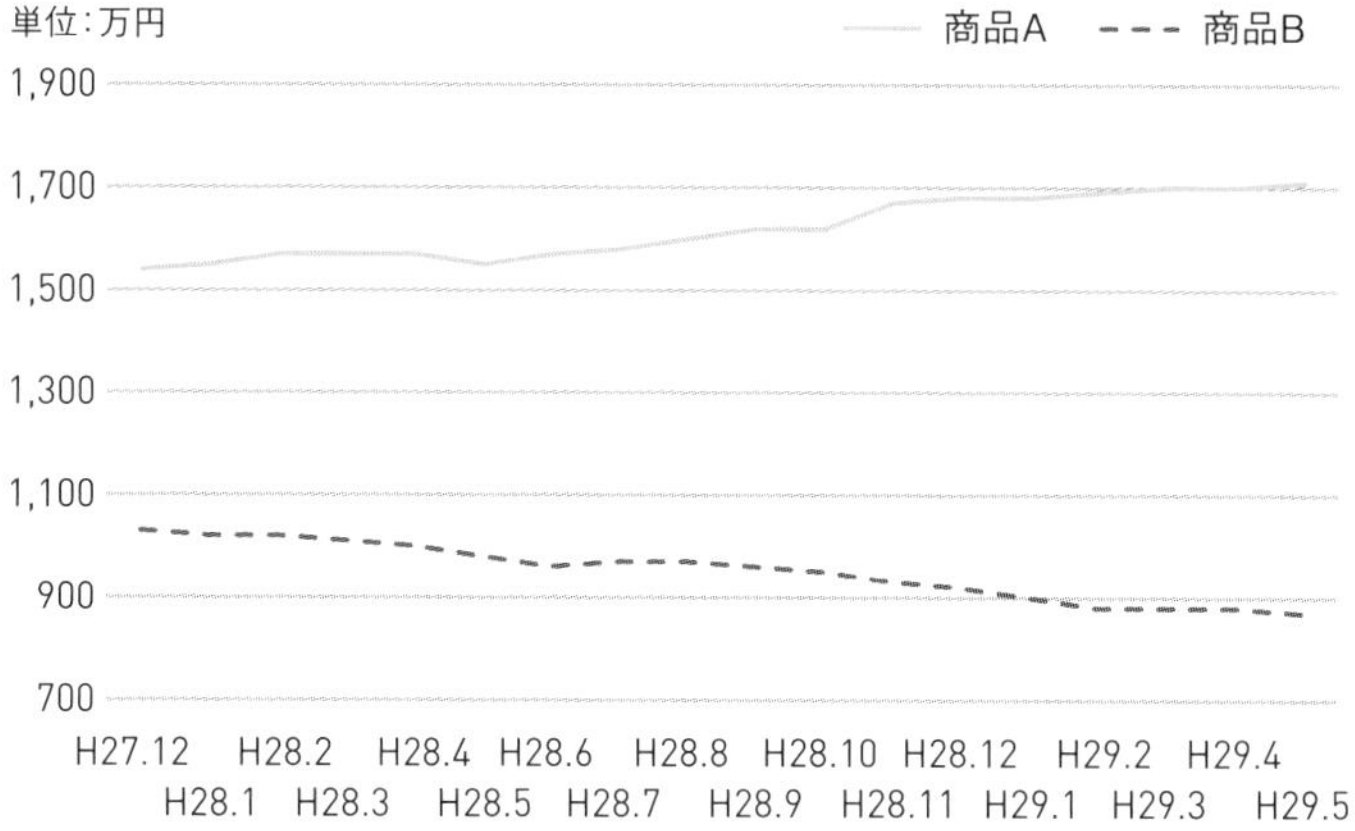

商品Aは微増ではありますが上昇傾向にあります。一方、商品Bは下降傾向がはっきりと見てとれます。

年計売上高は12か月分のデータの総計なので、比較する際に季節変動による影響を受けません。

では移動年計は何に影響を受けるかというと「**前年比**」です。

前年より売り上げが高ければグラフは上昇し、低ければ下降します。そのため、傾向がひと目で分かるのです。

低迷の兆しは取引先の廃業前からあった

以上を踏まえ、アリバ建設の事例を見てみ

ましょう。アリバ建設の資料をもとにした移動年計売上高が図表3－3です。

傾向としては、2つのターニングポイントがあります。

1つは2014（平成26）年4月頃に上昇傾向から下降傾向に変わっている点、そしてもう1つは2015（平成27）年3月頃から現在に至るまで下降している点です。後者は主力取引先の廃業と時期が重なるため、その外部要因の変化が原因と思われます。

アリバ建設の社長からは、この廃業を機に低迷が始まったと聞いていましたが、この移動年計のグラフから読み取れるのは、その1年前から下降が始まっていた、ということです。

そこで、この移動年計グラフをアリバ建設社長に見てもらいました。

「2014年4月頃から下降傾向に転じていますが、何か心当たりはありませんか」

家庭の事情が本当のターニングポイントだった

しばらく無言でグラフを眺めていた社長は、ぼそりとこうおっしゃいました。

「（私が）離婚した時期です」

ご家庭の事情で下した決断とのことです。年頃のお子さんもいらっしゃいましたが、悩

図表3-3 ■ 移動年計売上高

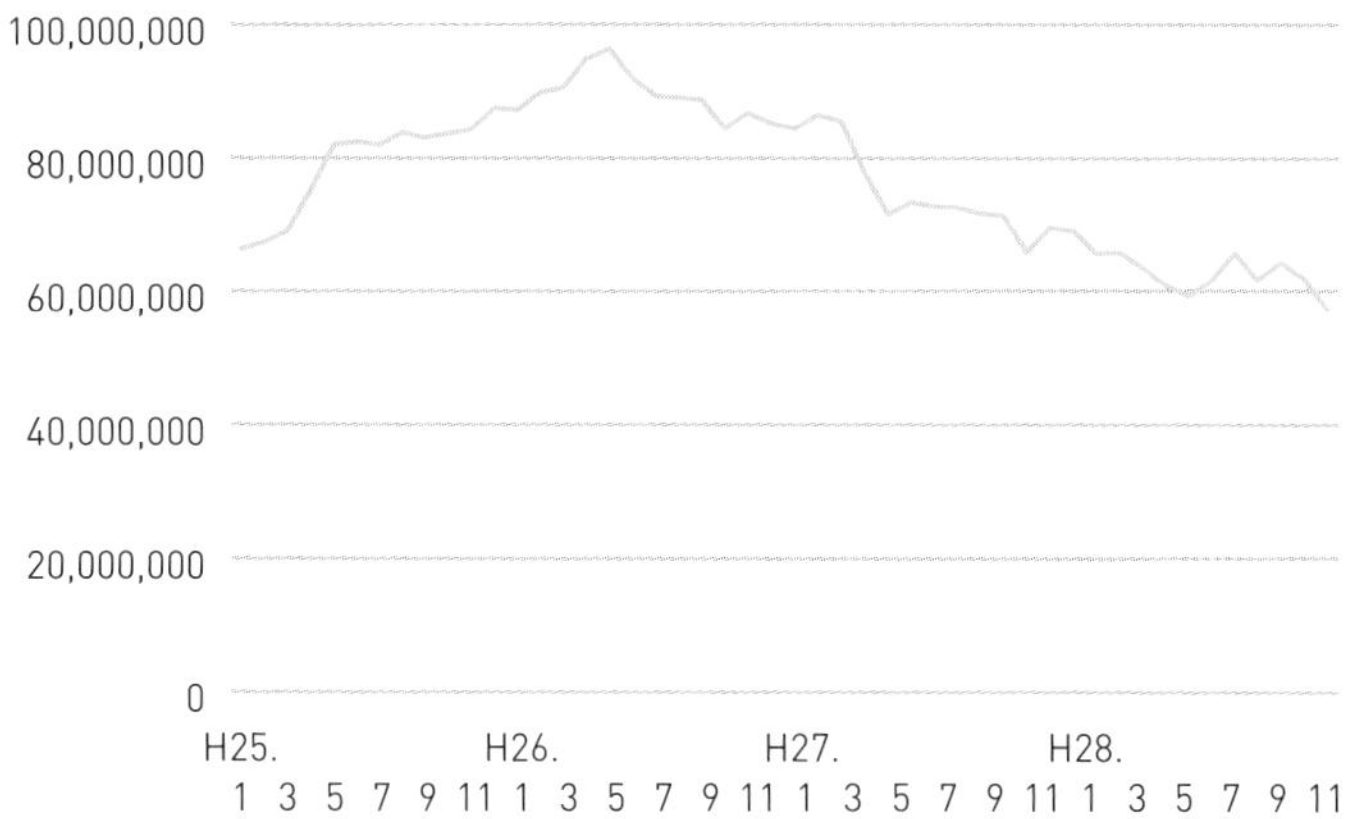

んだ結果のことなので致し方ないとおっしゃいます。

離婚のあと、社長の日課は大きく変わりました。

社長は社交的な性格ということもあり、創業時から現場に積極的に顔を出し、取引先とのコミュニケーションを図っていました。社長の明るい人柄は取引先からも好評で、現場での何気ない雑談がつぎの案件や取引先の紹介につながっていたのです。

ところが離婚後、もともとは奥さんが担当していた経理や事務の業務を誰かが代わりにおこなう必要が生じました。家庭の事情で精神的なダメージを受けていた社長に、事務所にとどまる理由ができてしまったのです。

社長は経理・事務業務を担当することを口

実に、それまで積極的だった現場での活動をおこなわず、事務所に滞在する時間が増加しました。

「事務作業を口実にひきこもってしまった」と社長は振り返ります。

こうして社長が気づきを得たあと、あらためて調べた結果、２０１３（平成25）年以前は新規の取引先を年間平均で12件確保していましたが、２０１４年以降は平均５件と低迷しています。

カンのメンテナンス——低迷の起点

主力取引先の廃業はたしかにインパクトのある出来事でした。この時期を境に売上高は低下しています。加えて設備投資の直後であったということもあり、資金繰りが狂うきっかけとなりました。

この出来事は**社長の頭に強く残り（＝強烈な例外［39ページ参照］）、低迷はここから始まったと思い込んでいました。**

取引先が倒産したのだから仕方がない。当社に問題があって業績が落ち込んでいるのではない——このような他責思考の恣意的な解釈が、自社の改善では業況を回復するのは無理だというあきらめにつながったのです。

しかし、移動年計によってデータを並べて俯瞰した結果、アリバ建設の業績はそれ以前から下降傾向にある実態が浮き彫りになりました。取引先の倒産でなければ何が原因なのか。下降傾向に転じた時期に何があったのか――その本当の原因を探るために意識して振り返ったときに、自分の動きの変化に気がついたのです。そして思い込みが解けたわけです。

本来のカンを取り戻し、主語が〝自分〟に

取引先や市場の状況を言い訳にしてきましたが、自分が動かなければならないことに社長は気づきました。

ひとたび実態を正しく理解すれば、そこは本業で実績をあげてきた社長です。今必要な営業活動とは新しい動きをするのではなく、**これまで成果を出してきたものの、実行しなくなった方法に再度取り組むことである**との重要ポイントに気づきました。社長本来のカンを取り戻したのです。

その証拠に、移動年計グラフを見てから社長の動きが変わりました。合間の時間を利用

して取引先や現場を訪問し、ふたたびコミュニケーションを重ね始めたのです。「分かる」から「動ける」のです。

すると、交流の中から新たな案件の話が舞い込んでくるようになりました。数十万円規模の小さな工事でしたが、こうした案件が立て続けに決まると社長も自信を取り戻していきます。

事務所に一日中引きこもり、事務作業を続けるようなことはなくなり、以前のように各地を精力的に飛び回る日々が始まりました。

現場を見ることで「分かる」こと

現場を回ることで売り上げ以外にも効果が出始めました。

外注比率の減少によるコスト削減効果です。事務所に引きこもりがちになってから、現場の管理は従業員たちに任せていました。しかしそれは名ばかりで放任しているというのが実態でした。

もともと従業員たちは現場の作業に専念しており、外注管理などの管理業務は社長が担当していました。ところが社長が現場に出てこなくなって以降、外注管理も任せられるようになりましたが、従業員たちは経験がないだけに管理方法が分かりません。結果、仕事が滞らないよう人数を多めに見積もるようになります。2人必要な現場に3人外注人員が派遣されているといったケースもありました。

社長が現場を見回ることで外注管理が適切になされているかをチェックし、従業員にフィードバックし、改善を考えるようにしました。

こうして、受注量の改善と外注比率の低下により、収益を見事に改善させています。

事例1のまとめ

思い込み：受注額が減少に転じたきっかけは主要取引先の廃業である
受注額が回復しない原因は市場の仕事量が減っているからである

見える：「移動年計」により、売り上げが低下し始めた本当の時期（ターニングポイント）が明らかになる

分かる：自分が現場に出なくなった時期から低迷が始まっている

動ける：過去に成果を出していたものの、実行しなくなった方法に再度取り組む

変わる：取引先とのコミュニケーションが改善し、受注量が増加
ふたたび現場を見ることで、外注比率の削減も実現

事例
2

「客数・客単価の推移」で売上低迷の真因にたどり着く。接客力が活きる売り場改革で客単価が増加し増収増益

会社概要

会 社 名：株式会社但東屋（仮称）
業　　種：小売業
年　　商：１億円
従業員数：４名
業　　歴：43年

社長の悩み

当店は地域の土産物店です。地域の土産が買える人気のスポットとして毎年10万人以上の観光客が来店しており、売上高が２億円を超える時期もありました。

しかし、近隣のドライブインが閉鎖されたことで来店客数が大きく減少しました。この辺りを回る観光バスは、ドライブインで食事をしたのち、近くの当店を訪れる流れが定番になっていました。ドライブインがなくなり、観光バスのルートが変わったことが大きな打撃となりました。

売上高を確保するために来店客を増やす必要があると感じていますが、手詰まりの状態です。

「前提条件」が間違っていては効果は出ない

企業は環境適応業といわれます。取り巻く経営環境は刻々と変化していますから、その動きに柔軟に適応できるかが企業の命運を分けるといえます。

中小企業は現場のプロなので、各社経験にもとづいた事業上の知恵をたくさんもっています。ところが環境変化によってその知恵が過去の産物となり、時代に合わなくなると必要とされなくなり、市場から淘汰されてしまいかねません。時代に合わなくなるとは、前提条件（45ページ参照）が変わったともいえるでしょう。

たとえば環境変化で顧客のニーズは商品Bに移り変わっているにもかかわらず、商品Aが売れていた従来の経験を引きずってAばかり薦めても売り上げは伸び悩むはずです。つまり繰り返し述べてきたように、**前提条件が間違っていれば、売り方にいくらこだわっても成果は出ない**ということです。

事例②では、前提条件が変化していることに気づき、対応して業績を向上させた小売店の実例を見ていきましょう。

地元で有名な土産物店、ドライブインの閉鎖で業績が低迷

株式会社但東屋（仮称）は現社長の祖父の代から続く、地元で有名な土産物店です。地域の特産品を集めた商品ラインナップと、長年改善を重ねてきた売り場の魅せ方により、高級感と探す楽しみをあわせもつ魅力あふれる店舗をつくってきました。

旅行会社に積極的に営業を仕掛けた結果、この地域を回る観光バスツアーでは、近隣のドライブインで食事をして同店に立ち寄るコースが定番となりました。やがて店舗が手狭となり、旧店舗から徒歩3分の現在地に移転するなどの攻めの経営にも出たほどです。

ところが移転した翌年、定番コースのドライブインが閉鎖してしまいます。観光会社はコースの変更を迫られ、結果として同店に訪れる観光バスが減少。売上高は前年対比の7割まで低下してしまいました。

但東屋の社長は当初、**業績悪化の原因はドライブイン閉鎖という外部環境の変化によって来店客数が減少したからだ**と考えていました（＝私は悪くないタイプ）。そしてこの環境変化に対して、人員削減を含めたコスト削減で対応します。

しかし、売り上げの低下傾向は止まらないため、社長は頭を抱えていました。

私が同店にうかがったのはそんなタイミングです。

「お客様を増やしたいのでホームページでの集客方法などを教えてほしい」

これが但東屋社長の要望でした。

原因は、本当に〝お客様数の減少〟なのか？

売り場づくりや接客は手本になるレベル――現場を見学した際の正直な感想です。

ＰＯＰの使い方や店内の陳列方法はどれも工夫がうかがえ、見ていて楽しい売り場でした。接客についても同様、社長をはじめ従業員の言葉遣いや表情、立ち振る舞いはていねいで親しみがもてます。

何度か訪問する間にも、レイアウトや販促物が定期的に更新されています。お客様の反応を見ながら、「もっとどうすればいいか」を考えて前向きに行動できる理想的な小売店です。

一見すると非の打ちどころのないように見えますが、売り場に問題は本当にないのだろうか。但東屋の社長が考えるとおり、業績不振の原因はドライブイン閉鎖による来店客数の減少だけなのだろうか――このことを念頭に見学を続けました。

売上低下の本当の原因を探るために「並べる」

但東屋の社長にヒアリングを続けていくうち、気がかりな点が2つ出てきました。

・ドライブイン閉鎖から1年以上経過しているのに売り上げの低下が止まらないのはなぜか
・人員削減の悪影響が出ていないか

まず1つ目については、ドライブインの閉鎖によって来店客数が減少したのは事実です。実際、年間12万人だった来店客数は9万人程度にまで落ち込んでいます。しかし売上低下の原因がドライブイン閉鎖のみであれば、業績の落ち込みは単年で収まり、以降は売り上げの水準が安定するはずです。ところが現在も低下傾向にあるということは、それ以外にも何らかの原因があると考えられます。

そしてその原因には、2つ目が絡んでいるのではと感じました。現場の見学を続けるうち、人員削減の悪影響が出ているような印象を受けたのです。

業績が厳しくなると、一般に人件費や広告宣伝費などの費用にメスが入りがちです。無駄な経費の削減はもちろん大事ですが、コストの中でも**人件費や広告宣伝費などの見直しは慎重におこなう必要**があります。なぜなら、**お客様にもっとも近いコスト**だからです。

小売業や飲食業、サービス業にとって人件費とは、接客やサービスを提供するためのコストです。ここを闇雲に削減するとサービス力が低下し、客離れが生じるリスクがあります。「以前は注文したらすぐ出てきたが、最近は遅いうえ、そもそもオーダーを取りにも来ない」――馴染みの飲食店でそのように感じた経験は誰しも一度や二度はあるでしょう。

ついで広告宣伝費は、見込客にアプローチするためのコストです。これを無闇に削減してしまうと、アプローチの質や頻度が落ちるおそれがあります。そうなると後々の売上高に響きかねません。

もちろん、コスト削減の効果という意味でいえば、その年は何とか利益を確保できるでしょう。しかしお客様に近いコストを不用意に削ってしまった結果、翌年以降も売り上げが下げ止まらず、赤字に転落してしまったという企業は案外多いのです。

私は、但東屋も同様の傾向を示しているのではと考えました。

そこで、同店の売上低下の本当の原因を探るべく、を割り出すことにしました。

・来店客数と客単価の推移

〝客数〟ではなく〝単価〟に問題があった

基本的なことですが、小売業の売上高は客数と客単価の掛け算で算出できます。売上高を減少させる要因は2つしかないわけですから、社長が考えているようにお客様の数に問題があるのか、1人のお客様が購入する商品の単価に問題があるのかが把握できます。

ただし、月次の数字でグラフ化すると季節要因が入り、原因を正しく可視化できない可能性があります。そこで来店客数は季節変動が大きいことから「移動年計（109、238ページ参照）」で、客単価は「移動平均」で直近1年間の平均単価を見ることにしました。

いずれも中長期的な傾向を把握するために使用する手法ですが、「移動年計」は**売上高や客数など〝合計〟で見たほうがイメージしやすい数値**に使います。一方、「移動平均」は**客単価やリピート率など〝平均〟で見たほうがイメージしやすい数値**に使用します。

図表3-4 ■ 来店客数（移動年計）

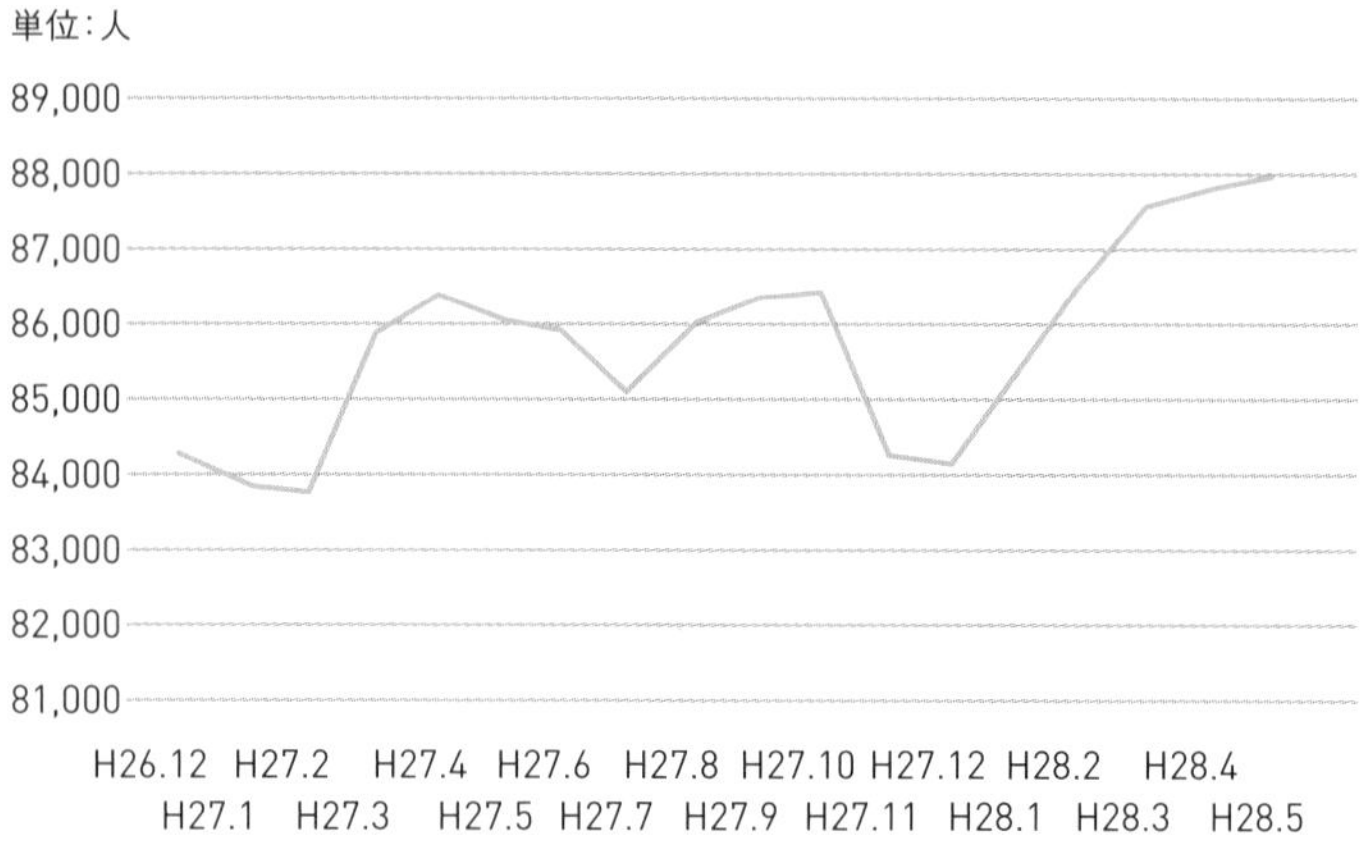
単位：人
89,000
88,000
87,000
86,000
85,000
84,000
83,000
82,000
81,000
H26.12 H27.2 H27.4 H27.6 H27.8 H27.10 H27.12 H28.2 H28.4
H27.1 H27.3 H27.5 H27.7 H27.9 H27.11 H28.1 H28.3 H28.5

■ 客単価（移動平均）

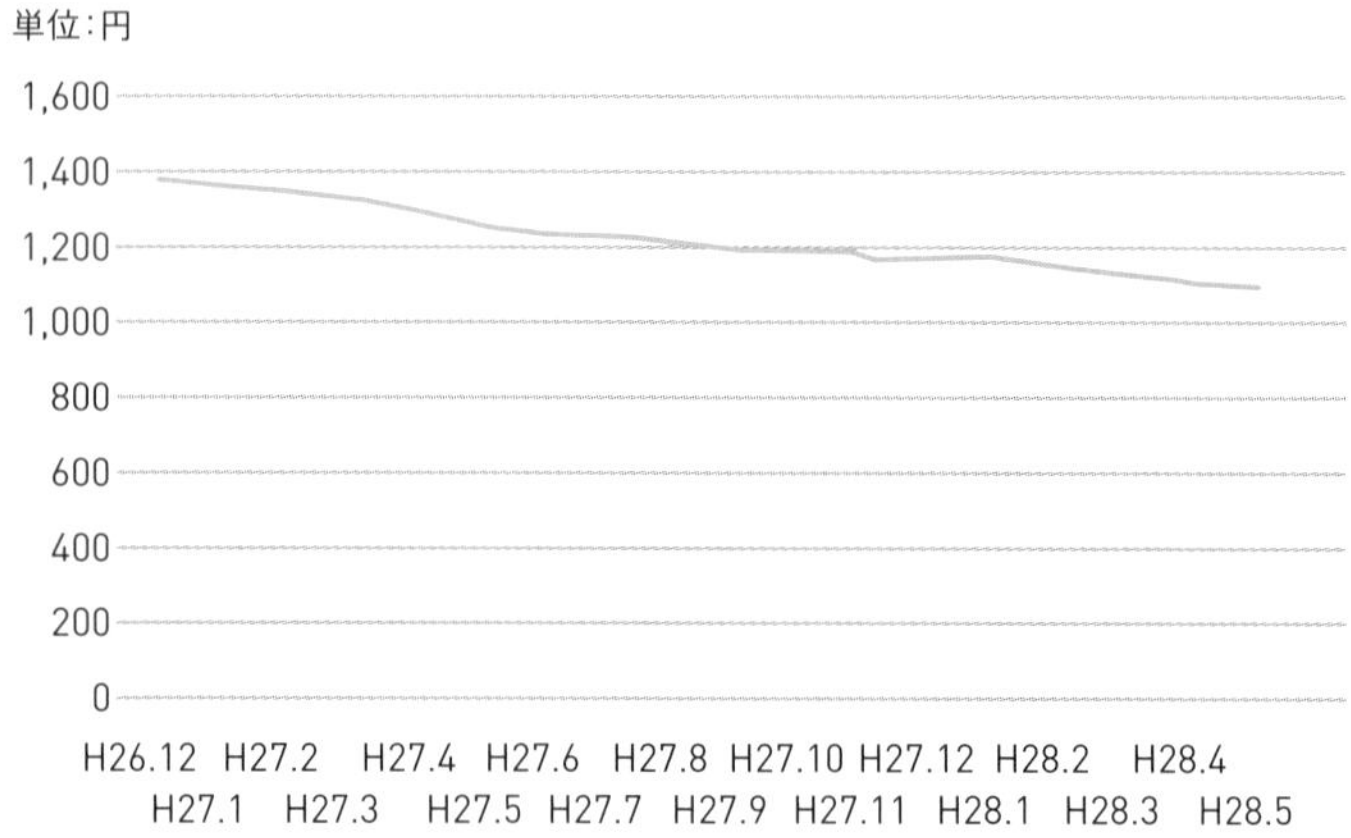
単位：円
1,600
1,400
1,200
1,000
800
600
400
200
0
H26.12 H27.2 H27.4 H27.6 H27.8 H27.10 H27.12 H28.2 H28.4
H27.1 H27.3 H27.5 H27.7 H27.9 H27.11 H28.1 H28.3 H28.5

さて、結果は図表3－4のとおりです。

グラフを見ると、どちらが低下傾向にあるか実態が一目瞭然です。来店客数は一時期、年間8万4000人規模にまで減っていますが、直近は8万8000人に届く勢いで増えています。

一方、客単価は明らかに減少傾向です。

もともと1400円近くあったものの、直近では1100円近くにまで落ち込んでいます。

この結果から、社長との話で気がかりだった点の1つ目「①ドライブイン閉鎖から1年以上経過しているのに売り上げの低下が止まらないのはなぜか」の原因は判明しました。

従業員1人あたりの来店客数にヒント

そうなると、つぎに疑問が生じるのは「客単価がなぜ下がっているのか」です。

幸い、日ごとのシフト表と来店客数・客単価の記録が残っていたので、客単価が低い日と高い日の比較を出すことができました。

その結果、従業員1人あたりの来店客数が増えるほど、客単価が低くなる傾向がつかめました。**売り場の従業員数に対して来店客数が多いほど接客が手薄となり、単価に影響が**

生じている可能性が浮き彫りになったのです。

なかでも注目したのは、ここ2年の間に従業員1人あたりの来店客数が平均1・5倍に増加している点です。来店客数が微増傾向にあるなかで、コスト削減の一環で従業員数を5人から3人に減らしたのが原因です。

この結果を但東屋の社長に伝えると、前提条件の間違いに気づき、本来打つべき対策や検討事項を瞬時に理解されたようでした。私と共有したのはつぎの2点です。

・真っ先に取り組むべきは、当初考えていた来店客数の増加策（間違った前提条件）ではなく、客単価改善に向けた対策（本来の前提条件）である

・従業員1人あたりの来店客数が増えることで、現場に何が起こっているのか知りたい

以上の2点を踏まえ、現場の状況を把握する目的で売り場にカメラを設置し、接客の様子を撮影することにしました。

接客の姿を自分たちで客観視し、改善に活かす

「今のお客さん、せっかく商品を手に取ってくれたのに戻してしまっている。ひと言声をかけたら買ってもらえたかも」

「忙しくなるとみんな無口になっている」

「みんなレジに集まってしまって、接客ができていない」

カメラで撮影した動画を見た社長と従業員からはさまざまな感想が寄せられました。

これまでは客単価が低い日があっても、「あまり買ってくれない団体さんだから」と外部に原因を求めがちでした。

しかし動画に映っていたのは、お客様のレジ対応に追われて接客が十分にできていない自分たちの姿だったのです。

カンのメンテナンス——〝手本になるレベルの売り場〟の弱点

但東屋の売り場が工夫に満ちているのは、すでにお伝えしたとおりです。店内の見通しがやや悪いことも探す楽しみの演出となり、見ていてワクワクするような売り場になっていました。商品の展開だけでなく、すぐ会計ができるようレジを随所に配置し、お客様を待たせない気配りもできていました。

しかし社長は根本的な部分で勘違いをしていました。現在の売り場は、5人の従業員が配置されている前提でつくられていたのです。仮に4人がレジに入っても、5人いれば残りの1人が店内を巡って接客可能です。

しかし社長は当初、外部環境の変化に原因を求め、来店数の増加策に意識が向いていました。その結果、人員削減による悪影響を考える意識が抜け落ちていたのです。

その意識に拍車をかけた要因の1つが、自社の売り場展開に対する強い自信です。**自分たちは売り場づくりのプロであるというこだわりや自負心（＝感情［40ページ参照］）が現状認識を見誤らせ、前提条件の間違いに気づかず、「スタッフが減っても自分たちに問題はない」と思い込んでいた**のです。

しかもスタッフが現場で得ている情報の共有がなされておらず、個々の経験値が全体の集合知として機能していませんでした（＝情報の点在［42ページ参照］）。その結果、個々のスタッフがもつ情報や経験を社長自らの経営判断に活かせず、思い込みに拍車をかけていたのです。

その後、データ分析の結果を受け止めるとともに、カメラによる映像で客観視することで、自分たちが目指す売り場づくりの背景にある人員配置の重要性に気づいたのでした。

現場のプロの改善魂に火がついた

ここから、正しい前提条件にもとづく改善活動が始まりました。すでに社長の頭には、何をすべきかの青写真が描かれています。

テーマは、「**3人で守りかつ攻めの接客ができる売り場**」です。

接客要員を1名確保するためには、レジを2名で対応しなければなりません。

そこでまず始めたのはレジの台数削減です。昔からの名残で5台あったレジを3台にしました。

一方、レジの対応人数を3人から2人にただ減らすだけでは、会計の待ち時間が増えてお客様に迷惑をかけてしまいます。そこでレジのオペレーション改善に取り組み、お客様1人にかかる会計の対応時間を短くするための工夫がおこなわれました。たとえばレジ袋の置き方を変えて取りやすくするなどです。

加えてレイアウトについては、店内を見渡せるオープンスペースに変更しました。接客要員が店内を見通せるようにして、お客様へのフォローを素早くおこなえるようにするためです。

接客時の情報も積極的に共有することにしました。お客様と接するなかでの気づきをミーティング中に話し合い、共有するようにしたのです。

「お茶の値段を聞かれたので、『1つ300円、2つなら500円とお得ですよ』と会話をしていたら周りの方も買ってくれた」

「金平糖、大粒でおいしいねと言ってもらえた」

「お友だちグループで並んで歩いていたお客様をせんべいの試食でひきとめた。すると3つ手に取ってくださったので、『4つだとお得ですよ』とお伝えしたら4つ購入していただき、それを見たお友だちも4つ、2つと買ってもらえた」

「猫の置物を見ているお客様には飼っている猫の柄とか、愛猫の名前を聞いてあげると喜んでくださる」

このように、どのような声かけで買ってくれたのか、どのような質問を受けたのかといった内容を全員で共有することで、接客やPOPなどの販促物づくりに活かしていったのです。

接客力が活きる売り場への改革で、売上高1000万円拡大

改善活動の効果はひと月ほどで表れ始めました。1100円を切っていた客単価は、翌月には1200円台に回復。その後も改善活動を継続的におこない、1年ほどで1500円台にまで増加したのです。これにより、売上高は年間で1000万円も伸ばすことができました。

売り場づくりや接客力に強みをもつ店舗でしたが、外部環境の影響によって状況が変わり、強みが活きなくなっていました。データ分析によって実態を明らかにして、自分たちの置かれた前提条件を正しく理解することで、本来の良さを取り戻すことができたのです。

事例2のまとめ

思い込み

ドライブイン閉鎖による影響で来店客数が減ったため、売り上げが減少している

見える

「移動年計」により、来店客数は微増傾向にある実態が明らかになる
「移動平均」により、客単価が低下傾向にある実態が明らかになる

分かる

当初想定していた前提条件（来店客数の増加策）は間違いである
本当の課題は、自分たちの強みである接客ができていない点である

動ける

5人ではなく、3人で守りかつ攻めの接客ができる売り場づくり

変わる

接客力が活きる売り場改革で客単価が改善し、売上高が増加に転じた

事例
3

「在庫数の変動グラフ」で社内規則の不備に気づき、ルール改善。在庫がピークの7割に減少し、資金繰りの良化に成功

会社概要

会　社　名：株式会社シーダ製作所（仮称）
業　　　種：機械部品製造業
年　　　商：２億円
従業員数：17名
業　　　歴：32年

社長の悩み

当社は父が創業し、以来X社の部品加工をおこなう下請企業として堅実に経営を続けてきました。

しかしここ10年、X社の業績は低下傾向にあり当社もその影響を受けています。売上高は10年前の６割まで落ち込んでおり、ここ数年当社の経営状態はかろうじて黒字という状態です。

資金繰りも何とかもちこたえているという状態です。

この状況を打破しようと、数年前から営業活動に注力していますが、思うように成果を出せずに苦労しています。

新規の売り上げを確保して資金繰りを安定させたいです。

形骸化したルールは、時に問題を引き起こす

数々の中小企業に接していて思うことがあります。各社それぞれにルールや決め事を設けているのですが、見直しがなされていないケースが多い、ということです。

社内ルールはその時々の状況に対応するために、何らかの必要性や意味があって導入されます。したがって本来であれば、状況が変わればルールも更新しなければなりません。しかし見直しをおこなう会社は多くない印象です。

厄介なのは、当初の目的が忘れられたり、ルール自体の意味すらなくなったりしているにもかかわらず、かたちだけは残っているケースです。こうなると、**状況に合わなくなったルールは無駄を生み出す元凶**となります。

もはや必要ないのに毎月つくり続けられる資料。誰も意味を理解していない作業工程……客観的に見ると無駄以外の何物でもないのですが、ひどいケースでは社内の誰もが問題意識すら抱かずに脈々と続いているルールや決め事もあります。

このような、状況に合わなくなったルールが問題を引き起こし、これに対処することで改善した事例を紹介しましょう。

売上低下と在庫負担に悩む2代目社長

株式会社シーダ製作所（仮称）は従業員17人の製造業です。30年前に大手電機メーカーX社に勤めていた現社長の父が創業し、以来、このX社の部品加工をおこなう下請企業として堅実に経営をしてきました。

新規取引先の開拓にも取り組んできましたが、今でもX社の売上高が全体の7割を占めています。

ところがここ10年、X社の業績は低下傾向にあり、その影響をシーダ製作所も受けています。売上高は10年前の6割まで落ち込んでおり、ここ数年シーダ製作所の経営状態はなんとか黒字という状態です。

「展示会などにも積極的に参加し、新規取引先を開拓しようとはしていますが、なかなか進みません」

そう話すシーダ製作所の社長は積極的に会社の外に出て営業活動に取り組んでいますが、思うように受注できずに苦労しています。

加えて、シーダ製作所を長年悩ませている課題がありました。

「売り上げが低下しているのもキツイですが、いちばん大変なのは在庫増加による資金繰りの悪化なんです」

X社からの小ロット短納期要求が昔から厳しく、シーダ製作所は多数の在庫を抱えることで対応してきました。これが同社の資金繰りを圧迫する要因となっています。

「材料は一定のボリュームがないと単価が高くなるのでまとめて仕入れますが、出ていくのは小ロットなので資金回収までに時間がかかるんです。問題なのは重々理解していますが、X社が最大の取引先である以上、仕方のない面がありますね」

さらに悩まされてきたのがX社製品のリニューアルです。

「材料や部品を在庫で持っていても、リニューアルで使えなくなることがあります」

役目を失った在庫は今も倉庫に眠っています。実際に見せていただきましたが、10年や15年も動いていないデッドストックも少なくありません。

「ワインだと価値が出るんでしょうが……（笑）、これは寝かせておいてもゴミにしかなりません」

泣き笑いの表情を浮かべる社長ですが、もちろん状況を放置し続けてきたわけではありません。気づいたときには倉庫の整理をおこなってきました。ですが、デッドストックの思い切った処分にまでは踏み切れませんでした。整理時に年代物の部品を見つけては

「もったいないな……」と思いつつも、X社の要求に応えるためにはある程度は仕方がないと割り切っています。

社長の話をうかがう限り、X社との取引を続けるためにはある程度の在庫は必要と理解できました。しかしながら、肝心のX社経由の売り上げが年々低下していくなか、在庫負担がやはりどうしても重くなっているのです。

以上を踏まえた社長の要望は、

「在庫負担が少なくてすむような新規取引先を開拓したい」

「今取り組んでいる新規の取引先開拓についてアドバイスがほしい」

という2点でした。

在庫増大の原因を探るために「並べる」

新規開拓のアドバイスをおこないつつも、やはり気になったのは在庫でした。

ここ3年間、全社の売上高は低下傾向にある一方、在庫金額は増加を続けています。そのため、3年前には売上高に対して5割だった在庫金額が、現在7割に達しようという勢いです。

企業の存続という意味では、資金繰りは売り上げや利益よりも優先すべき事項です。赤字でもキャッシュがあれば生き残れますが、黒字でもキャッシュが不足すれば倒産のリスクがあります。在庫量の増大という資金繰りを悪化させる原因を放置したままでは、仮に営業努力が実って売り上げが増加しても、逆に一時的な支出の増加でキャッシュが枯渇し、窮地に陥る可能性も否定できません。

そして、これは現場を見てきた感覚ですが、**社長が言う「仕方がないこと」は改善の余地を含んでいます**。何らかの課題を抱えていても、「仕方がない」という言葉が逃げ口上となり、やがて本人も気づかないうちに、改善に向かう意欲や思考が停止してしまうことがあります。そうした状況が常態化すると、いつしか「仕方がない」では本当にすまされない状態になるのです。

シーダ製作所は、まさに手遅れの一歩手前、資金繰りに黄色信号が灯っている状態でした。社長は、その**原因は在庫増大にあると考え、X社からの厳しい要求がそうさせているとの他責思考（＝私は悪くないタイプ）に陥り、自社主導で改善する余地はない**とあきらめていました。

そこで在庫増加の本当の理由は何なのか、自分たちで実行可能な取り組みはないのかを探るために、社長に依頼して在庫の動きに関するデータを出してもらいました。そして製

品別の売上データから同社の売れ筋の品種を選び、

- **月別の在庫数の変動**

を見てみることにしました。

幸い、シーダ製作所にはデータが保存されていたので、まとめてお預かりできました。仮にデータがない場合、支援先企業に依頼し、ゼロから記録してもらわなければなりません。手間と時間を要することになるので、データがある点はとても助かりました。

年間使用量に匹敵する在庫を保持しようとしている

預かったデータをもとに、主力製品についての在庫の動きを並べたのが図表3－5です。

この表から感じたことが2つあります。

・年間の使用量に匹敵する在庫を保有している
・その在庫量を維持しようと入庫している様子がうかがえる

図表3−5 ■ 主力製品の在庫数の変動

	月初在庫	使用	入庫	月末在庫
7月	14,800	400	0	14,400
8月	14,400	500	0	13,900
9月	13,900	1,900	0	12,000
10月	12,000	1,500	0	10,500
11月	10,500	500	5,000	15,000
12月	15,000	2,000	0	13,000
1月	13,000	400		12,600
2月	12,600	1,800	5,000	15,800
3月	15,800	3,700		12,100
4月	12,100	1,200	0	10,900
5月	10,900	300	5,000	15,600
6月	15,600	400	0	15,200
年間	14,800	14,600	15,000	15,200

昔からの在庫があり、年間の使用量に相当する在庫を抱えている会社は見かけますが、その在庫量を維持しようとしている会社は珍しいです。

管理がずさんで在庫が増えているのではありません。あえて意図してその量を維持しているのです。そんな実態がシーダ製作所のデータ分析で見えてきました。

他の主力製品の在庫についても同様、年間使用量に対して明らかに多い水準の在庫量が維持されていました。

この図表3－5を社長に提示して説明しました。

「主力製品について見たところ、年間の使用量に匹敵する在庫を維持されています」

「シンプルに言えば、購入した材料や部品の資金を回収するのに1年ほどかかるイメージです」

「1年かけて回収するとすれば、支払い条件が長くなりがちな建設業でもまずまず大きな案件です。この製品はそれほどの大型案件なのでしょうか。そうでなければ、資金繰りが苦しくなるのは当たり前だと思います」

この結果と説明は社長にとって予想外だったようで、「そんな建設業さんのような仕事の仕方はしていないです。どうしてこんなことになっているのでしょうか……」という反応でした。

カンのメンテナンス──在庫数が増えている本当の原因

社長は在庫量が増えているのは当然知っていたものの、それは過去に廃版になったデッドストックが原因との思い込みがありました。

しかし、月別の在庫量の変動表を見る限り、必要以上の在庫量をわざわざ維持しようとする動きが見られます。X社との取引上、**「仕方がない」と社長自身が考えていた在庫増大の原因が、じつは社内にあった**わけです。データ分析によって実態がつまびらかになり、社長の思い込みが解けた結果、「この状況は放置できない」と原因調査に乗り出すことにしました。社内で解決できる問題ならすぐ動き始めることができ、対処も可能です。

そこで在庫の発注を担っている担当者に理由を聞いてみることにしたのです。

自分の頭で考えないベテラン社員が放ったひと言

会議室に入ってきたのはベテランの社員でした。

シーダ製作所に入社して20年ほど在籍している方で、まじめでコツコツと仕事をこなしてくれることから社長も信頼している人でした。

この社員に在庫の推移を見せながら、

「在庫量が1万点を切りそうになると発注をかけているようですが、どうしてなんでしょうか」とたずねてみました。

すると、ベテラン社員は当然のように言い放ちました。

「そのように先輩から引き継いだからです」

驚きの声をあげそうになるのをこらえながら、私は質問を重ねます。

「引き継がれたのはいつでしょうか」

「そうですねぇ……たしか10年以上前のことだったと思いますよ」

私と社員のやり取りを隣で聞きながら、社長は天を仰いでいました。

昔のルールが、在庫増大の主犯格だった

「たしかに10年前、あの製品は今の10倍は売れていたと思います」

ベテラン社員が退出したあと、社長はそうおっしゃいました。

「そのときには、これだけの在庫量を持っていても回っていたんでしょう」

よく売れる製品を欠品させないよう、安全在庫として設定された基準。売上高が10分の1に減少しても、**10年前の情報にもとづいたルールが維持（＝情報が古い［37ページ参照］）されていたことが、在庫を増やす根本原因**となっていました。しかもその情報を社長が知らず、思い込みに拍車をかけていたのです（＝情報の点在［42ページ参照］）。

ルールや基準を設けた以上、定期的にアップデートしなければなりません。しかし多くの中小企業はそうした余裕はないとあきらめ、あるいはその必要性すら認識せず、放置してしまいます。

すると状況と合わないルールや基準が増えていき、シーダ製作所の場合は必要以上の在

庫を抱えて資金繰りを圧迫する原因をつくり出してしまったのです。

在庫ルールを見直し、資金繰りが大幅に改善

思い込みが解け、我に返った社長の動きは速いものでした。

売上高の状況から、管理対象製品を選定して在庫のルールを見直しました。加えて日々記録をつけるよう徹底し、在庫の動きをリアルタイムで把握できるようにしました。

製造現場の各担当者に任せられていた発注についても、社長が目を通すようにして必要以上に在庫を持たないようチェックするようになりました。

これまでは規模の経済による単価の引き下げのために大量仕入れが当たり前になっていましたが、見かけの利益率を多少落としてでも、資金繰りの悪化を防ぐとともに廃棄のロスを低減することに判断の軸足を置くようになりました。

こうして無駄な発注を減らした結果、在庫量はピークの7割に減少。資金繰りが大幅に改善しました。資金繰りに余裕が出てきたことが社長の心のゆとりにつながり、営業活動を計画的におこなえるようにもなりました。

結果、徐々にではあるものの、新規取引先の案件が増加する効果も生まれています。

事例3のまとめ

思い込み ← 見える ← 分かる ← 動ける ← 変わる

取引先の業績悪化と短納期要求が原因で在庫量が増大している

「主力製品の在庫変動表」により、安全在庫の数量が多い実態が明らかに。しかも必要以上の在庫量を意図的に維持しようとしている

製品の発注ルールが形骸化し、在庫を増やす元凶となっていた

現在の売上高水準に合わせて在庫量を見直し、

管理運用ルールも刷新

在庫量が大幅に減少。その結果、資金繰りが大きく改善した

事例
4

「来店回数と継続率」の割り出しで店舗の成功パターンを把握。「継続率」に重点を置いた施策で固定客が増加し、増収増益に

会社概要

会 社 名：ダイニー治療院（仮称）
業　　種：リラクゼーションサロン
年　　商：4000万円
従業員数：6名
業　　歴：14年

代表の悩み

私は医療機関で研鑽を積んだのち独立開業し、経験をもとにした技術を武器に、誠実な対応も意識することで業績を伸ばしてきた自負があります。

しかしマッサージ店が乱立するなか、当院も近隣店舗に合わせて低価格路線に舵を切ったことから、売り上げが減少傾向にあります。

当院は、自院で専門的な教育をしたマッサージ師だけが在籍しており、品質の安定化を図っています。半ばプロとは思えないようなマッサージ師もいる格安店とは異なり、当院の技術力の高さはトップクラスで長年ご愛顧くださるお客様も少なくありません。

しかし若い方を中心に格安店に行く方が増えており、新規顧客の獲得が難しくなっています。

商売の基本は「汲むより漏らさず」

「1対5の法則」という言葉を聞かれたことがあるでしょうか。

新規顧客の獲得には既存のお客様を維持するより5倍のコストがかかるという法則です。新規顧客の獲得についい目が行きがちですが、既存のお客様をしっかりフォローすることが重要です。「商売は汲むより漏らさず」が基本です。

ある小さな印刷会社の例です。毎年春先に、ある程度まとまった部数を発注してくれる学校がありました。毎年仕事が来ていたこともあり、誰も注意を払わなかったのが失敗でした。

夏場に初めて購買履歴分析をおこなったところ、その学校からの注文がなかったことが分かったのです。担当を通じて慌てて確認したところ、備品担当の先生の異動があったそうです。先生間での引き継ぎがうまくできておらず、後任の先生が別の業者に発注してしまったのです。

購買履歴を前もってチェックし、2月あたりに声をかけていれば失注を防げたかもしれません。一方、失った売り上げに相当する新規顧客を獲得するのは容易ではありません。

新しい水を汲むことも大事ですが、汲んでも入れる器から水が漏れていてはいつまで経っても溜まりません。新規営業に目を向ける前に、**自社のサービスや商品の利用者が繰り返し選んでくれる状態にあるのか、何度も利用したくなる仕組みができているのかを再確認することが大事**です。

マッサージ師を直接雇用する人気治療院

ダイニー治療院（仮称）はスタッフ6人のマッサージ店です。代表が医療機関で15年働いたのち開業し、高い技術力と誠実な対応で業績を伸ばしてきました。開業4年目には、知人の勧めもあって商業施設内に支店をオープン。ピーク時には4店舗を運営していました。

代表のこだわりは、外注スタッフに頼らない方針にあります。業界ではコスト削減のため、歩合制のマッサージ師と委託契約を結んでサービスを提供するスタイルが一般的です。しかし、代表は「それでは長く働いてくれる人が少なくなる」「一定期間在籍してくれなければ技術が育たない」「腕が良くないとお客様に満足してもらえる治療ができない」といった考えをもっていることから、直接雇用を重視しているのです。

こうした雇用体制は店舗運営にプラスの影響を与えてきました。一般に歩合制のスタッフにとっては、マッサージ以外は収入にならないこともあって、店舗の清掃や施設関係者への挨拶などが疎かになるケースが多いといいます。

それに対してダイニー治療院は直接雇用しているため、スタッフは「自分の会社のお店」という意識が強く、店舗の清掃や挨拶などに意欲的に取り組んでくれます。

またお客様から見ても、せっかくお気に入りのマッサージ師と出会えてもすぐ担当が変わっては残念ですし、なにより不便です。ダイニー治療院は勤務年数が短いスタッフでも2年以上は在籍しているため、いつ行っても同じ人から施術を受けられるのです。

こうしたこだわりにより、固定客が徐々に増加し、口コミで知った地域外の顧客も数多く来店するようになりました。もっとも遠方の顧客はなんとヨーロッパの方で、来日の際には必ず同店を訪れるほどです。

値下げ競争に巻き込まれ、苦境に

安定した成長を続けてきたダイニー治療院ですが、低価格を売りにした競合が乱立するようになると業績が悪化し始めます。

30分いくらといった低価格店が増えたことで一部のお客様がそうした店舗に流れるようになりました。この動きに対抗するためにダイニー治療院も値下げに踏み切りましたが、直接雇用で固定費がかかるビジネスモデルがあだとなり、他店よりも高い価格にせざるを得ません。

それでもお値打ち感を出して新規顧客を開拓しようと、初回の来店客に向けた割引サービスを始めましたが売上高は低下傾向のままです。

「当社は宣伝方法が下手なので、他店にお客様を取られてしまいます」

新規顧客を獲得できる宣伝方法を教えてほしいというのが代表の希望でした。

新規顧客を3回目の来院にいかにつなげるか

ダイニー治療院の店舗は飾り気のない、昔ながらの診療所のようです。院内に掲示されているのは細かい字で書かれた業務連絡か業界団体のポスターくらいで、どのような治療が得意なのか、ダイニー治療院に通うことでどんな良いことがあるのか、いまいち分かりません。

しかし常連客がいて、地域外からもわざわざ通う顧客が半数を超えているのは事実です。何らかの魅力がある店なのは間違いありません。

どう伝えるのかの前に、何をアピールするのかを考えるため、代表にヒアリングしました。

「競合店に比べてダイニー治療院が勝っている点は何でしょうか」

「やはり技術力ですね。うちのスタッフの多くは10年以上の経験があるので施術に関しては自信があります」

「技術力が高いと、お客様にどういうメリットがあるのでしょうか」

「技術力が低いスタッフは、施術によってこりや痛みを解消することだけを考えます。しかしそれでは根本的な解決には至っていないため、施術直後はいっとき楽にはなるのですが、しばらくするとまた元の状態に戻ります。一方、当院のスタッフは体のゆがみや痛みの根本箇所を診ながら施術していくので、何度か通っていただければ状態がかなり良くなります」

「そこまで良くなると、もう通わなくていいんですか」

「いいえ、体をほぐして良くなっても、生活習慣によってはまた悪くなっていきます。ですから、生活習慣が変わらない限り、定期的に施術を受けてメンテナンスをする必要があります。何年も通われる方は、年に数回来院される感じですね」

「ダイニー治療院の良さは、利用すればするほど実感できるイメージなんですね。そうすると、一度来院したくらいでは他店との違いは分かりにくいということでしょうか」

「そうですね。3回くらいは施術を受けていただかないと実感しにくいかもしれません」

一連のやり取りのなかで、代表は新規顧客を増やす対策に意識が向いているものの、私はそれ以上に**新規顧客を3回目の来院にまでいかにつなげるか**が大事と感じました。

顧客のリピート率を確かめるために「並べる」

そこで本当の前提条件を見つけるために、代表に依頼して顧客カルテを分析することにしました。新規顧客の割合を確認するとともに、3回以上継続している顧客がどの程度いるのかを知るのが目的です。

過去5年間のカルテから、顧客ごとの利用回数を調べるため、

- **利用回数別の人数**
- **来院回数別の継続率**

を算出してみることにしました。

ダイニー治療院の良さが伝わらず、2回目までで去る顧客たち

そうして利用回数別に並べたのが図表3－6です。

なお、直近の新規顧客は再来院の可能性があるため、直近2か月以内の新規顧客は省いています。

ダイニー治療院の良さを実感するのに必要な3回目に達するまでにいなくなるお客様は、全体の75%に達することが分かりました。

せっかく苦労して獲得したお客様も、10人中約8人がメリットを感じることなく去ってしまうのが実態だったのです。

初回割引で新規顧客を呼び込んでも、その1回で去られてしまう。こ

図表3－6 ■ 利用回数別の人数

回数	人	構成比	累計
1回目	206	51.0%	51.0%
2回目	95	23.5%	74.5%
3回目	19	4.7%	79.2%
4回目	15	3.7%	82.9%
5回目	13	3.2%	86.1%
6回目	8	2.0%	88.1%
7回目	7	1.7%	89.9%
8回目	9	2.2%	92.1%
9回目	7	1.7%	93.8%
10回目	2	0.5%	94.3%
11～20回	10	2.5%	96.8%
21～30回	8	2.0%	98.8%
31～40回	1	0.3%	99.0%
41回以上	4	1.0%	100.0%
合計	404	100.0%	

れでは固定客化が期待できません。ただの割引損です。

さらに図表3－6をもとに、「継続率」の観点でまとめ直したのが図表3－7です。

図表3－7 ■ 来院回数別の継続率

回数	継続率
1回	49.0%
2回	52.0%
3回	81.6%
4回	82.1%
5回	81.2%
6回	85.7%
7回	85.4%
8回	78.0%
9回	78.1%
10回	92.0%

この表では来院回数別に、何％の方が継続して来院したのかを並べています。

1回のみの顧客の継続率は49・0％にとどまりますが、2回来店してくれた場合は52％に上昇します。そして3回目以降は8割前後で継続率が推移しており、やはり3回来てくれることがカギになるのが見てとれます。ヒアリングで確認した社長の感覚が、この表によって裏づけられたともいえます。

ところで、カルテには「来院のきっかけ」を記録する項目もありました。不明な方が3割いましたが、もっとも多かったのは「店の前を通りかかった」が約3割、続いて「紹介」が約2割でした。ホームページやチラシなどの販促物は合わせても4％程度で、店舗を目にして来院される方が意外と多いことが分かりました。

カンのメンテナンス――〝ねばならない〟勘違いと来院顧客の背景

もともとダイニー治療院は高い技術力と誠実な対応で固定客を増やしてきました。集客の中心は口コミであり、リピートしやすい状況がある程度整っていたといえます。

ところが市場環境が変化し、多くの競合がひしめき合う業界となりました。お客様から見れば、低価格店を中心にさまざまなお店を利用しやすい環境です。

こうした外部環境の変化に惑わされた結果（＝強烈な例外〔39ページ参照〕）、施術を重ねることで良さを実感してもらえるという、自院の強みを見失ってしまったのです。その結果、「低価格店に対抗するための宣伝で新規顧客を獲得しなければ生き残れない（＝あるべきタイプ）」との思い込みにとらわれ、前提条件に狂いが生じていました。

しかしデータ分析の結果、低価格戦略は単なる割引でしかなく、**問題の本質は「強みを感じてもらう前に来なくなる人が約8割に達する状況を改善すること」**だと気づいたのです。

さらに意外なヒントもありました。

昔からの顧客ほど「紹介」の割合が多く、最近の顧客ほど「店の前を通りかかった」が増えている点です。友人から「あそこは何回か行くと体が良くなるよ」と言われて来院した顧客と、店を見て「とりあえず一度試してみるか。いまいちだったら別の店に行けばいい」という顧客——前者より後者の方が継続のための仕掛けが重要になるのは明らかです。

「継続率」に重点を置いた施策で固定客が増加し、増収増益に

「いかに3回来てもらうかですね」

データ分析によって実態を把握したダイニー治療院の代表は本来のカンを取り戻し、こちらの意図をすぐ理解してくれました。

これまでは、新しい顧客に来てもらおうと初回割引を目玉にしていましたが、これだけでは一度の来院で終わってしまいます。

1回来てくれた顧客に2回、3回と来院してもらうための仕掛けが必要です。そこで2回目、3回目の来店特典を用意することで、つぎの来店を促せるようサービス内容を見直しました。

この結果、1回目の継続率が6割を超えるようになりました。少しずつですが、継続してくれる顧客が増えていきます。

また、店頭掲示を充実させる取り組みにも力を入れました。スタッフと協力し、顧客の声や寄せられる質問、同院の施術に対する考え方などを掲示するようにしたのです。

あわせて外観に四季に応じた飾りつけをおこない、季節感を演出するようにしました。いつも同じ外観では代わり映えがなく、風景の一部として埋没してしまいます。店頭のイメージを定期的に変えることで新鮮味を出し、気づいてもらえるようにしたのです。このアイデアはスタッフからの発案で実施することにしました。

こうした施策が奏功し、お店の前で足を止め、掲示物を見る人が目に見えて増えていきました。

そこで第2段階として、通行人が持ち帰れるチラシを作成して店頭に設置することにしました。ちなみに、チラシの減り具合をカウントすることで反応を検証し、次回の内容に活かしています。

一連の施策を継続した結果、新規顧客数、継続率ともに向上し、収益アップに貢献しています。

加えて作成したチラシを改良し、近隣の温浴施設での配布を提案した結果、施設にスタッフを出張させる新サービスの展開にもつながりました。

事例4のまとめ

思い込み → 見える → 分かる → 動ける → 変わる

思い込み
乱立する低価格店に対抗するため、新規顧客を獲得しなければならない
新規顧客獲得のためには値下げもやむなしである

見える
「来店回数と継続率」の割り出しで、2回目までの利用で
来なくなる顧客が約8割にのぼる実態が明らかに

分かる
3回以上継続してくれると自院の良さを実感してもらいやすく、
固定客化しやすい

動ける
3回来院してもらうための仕組みづくり

変わる
新規顧客数と継続率の上昇により、固定客が増加して収益アップ

第4章

数字の傾向をつかみ、事業の選択と集中に活かすための「比べる」

データを比較し、傾向をつかむために「比べる」

本章ではデータを「比べる」ことで傾向を把握し、その状況に対応することで改善した4社の事例をご紹介します。

いずれも業績を死守するために間違った対策に固執してしまっていたり、過去の成功体験がかえって害となったりして、本来の改善策を見出せなくなっていました。第1章で解説した「②あるべきタイプ（35ページ参照）」、あるいは「③楽観タイプ（36ページ参照）」の人たちです。

4社ともデータ検証の結果、気づいた傾向をもとに対策を打ち、業績を回復させています。第3章に続き、実例をもとに話を進めてまいりましょう。

事例
5

「得意先別の収益状況」を把握し、取引を継続すべき顧客を選別。優良顧客に絞った営業展開で売上高と粗利益の大幅改善に成功

会社概要

会 社 名：足立ホーム株式会社（仮称）
業　　種：建築・リフォーム業
年　　商：4000万円
従業員数：２名
業　　歴：40年

社長の悩み

７年前、得意先の倒産を理由に大型案件の代金回収ができなくなり、資金繰りが悪化しました。その後、新規顧客の開拓に奔走した結果、新たにお付き合いが始まったのがＸ社です。近年、Ｘ社経由の売り上げが伸びています。Ｘ社は支払いが遅く、追加工事の代金をもらえないなどトラブルが多いのですが、安定して仕事がいただけるので助かってはいます。

本音を言えば、Ｘ社との取引は可能ならやめたいですが……資金の流れを止めないためには仕方がありません。それでも資金繰りは苦しくなるばかりで、税理士や銀行から厳しい指摘が入ることが増えていて、正直、精神的にもしんどいです。

「貧すれば鈍する」から抜け出すために

世の中には労力のわりに見合わないことがあります。ボランティアであれば対価を求める必要はありませんが、こと営利企業の経営になるとそうはいきません。経営資源を投じて商品やサービスを提供する限り、その対価を適正に得て、利益を生み出すことが健全経営の大原則です。

「そんなことは当たり前だ」と思われるでしょう。ところが、「貧すれば鈍する」という言葉があるように、とくに資金繰りが苦しくなると正常な判断力が失われかねません。結果、周りから見れば「危うい」と思われる打ち手を繰り出している事実にすら気づかず、合理性の低い策に邁進してしまうのです。

「経営を安定させるためにも、これをやるしか道がないんだ」――そんな強烈な思い込みが判断を鈍らせるのです。

こうした状態に陥ったときには、**客観的な視点で現状を見つめなおし、思い込みを解く必要**があります。今のお客様や仕事を通じて、労力に見合った成果が本当に得られているのか――冷静に見極めるのです。

ではどうすれば現状を俯瞰できるのか？

問題を客観視することで思い込みから解放され、社長本来の強みを取り戻し、業績を立て直した事例をご紹介しましょう。

得意先の倒産で債権未回収、新たな大口顧客の開拓に奔走

足立ホーム株式会社（仮称）は夫婦2人とパート1人の小さな工務店で、私が関与した時点ですでに資金繰りが厳しい状況に陥っていました。

業歴は古く、創業は1975年。現社長の父が創業者で、2代目となる現社長は1998年に入社。先代の努力もあって地域の人たちから懇意にしてもらえる工務店として安定の経営を続けてきました。

現社長が会社を継いだのは2004年です。現社長の持ち前の人柄の良さと確かな腕、さらに先代が築いた信頼を武器に、地域の一般客を対象とした自宅の建築・リフォームから、大手建設会社の下請け工事まで幅広く仕事を受注し、堅実に経営を続けてきたのです。

ところが、あることがきっかけで経営の歯車が狂い始めます。

社長は振り返ります。

「ちょうど7年前、売上規模のいちばん大きな得意先が倒産し、大型案件の代金回収ができなくなったんです。資金繰りがおかしくなったのはそこからですね」

下請けの仕事をすることが多い中小・零細企業は、このように取引先の倒産により、債権が回収できない痛手を負った経験が一度はあるのではないでしょうか。

対策としては、金融機関から運転資金を調達する、新たな顧客獲得に向けて営業を強化する、「入」の減少に合わせて「出」を引き締める……などさまざまでしょう。

足立ホームの社長はどうしたのかというと、新たな大口顧客の獲得に奔走したのです。大型案件がなくなったので、それに代わる大きな仕事を――そんな考えで営業した結果、X社という中堅との取引が実現しました。

足立ホームの社長は「これで経営を安定させられる」と胸をなでおろし、以降、X社を最大の得意先として事業を続けてきたわけですが……私はヒアリングを続けるなかでX社との取引に違和感を覚えました。

「しんどいけれど付き合わないといけない」という思い込み

足立ホームの社長がおっしゃるように、X社からの受注は安定しています。売り上げの規模も大きく、一見すると債権未回収という痛手を克服する契機になったといえなくもありません。

しかし詳しく話を聞いてみると、X社は支払いが遅く、さらに追加工事が発生しても代金を支払わないといいます。

まず資金繰りを健全化させる観点で大切になるのは、「入」を早めて「出」を遅らせる、これが鉄則です。ところがX社の支払いは60日後と遅く、資金繰りを悪化させる要因になっていることが分かりました。

ついで追加工事の問題は、建設業界全体の悪しき慣習でもあります。仕様変更が頻発する建設業界では、当初の見積りから予算が膨れ上がるケースが少なくありません。その場合の追加費用を元請け業者が支払ってくれればよいのですが、実際にはそのしわ寄せを末端の業者が受けてしまうことも多いのです。

まさにX社の仕事がそうでした。足立ホームの社長は追加料金を請求しますが、X社は回答をはぐらかし、そのままうやむやにされてしまうことが多発しました。

さらに、X社と施主との間に立たされる心理的な苦労もありました。X社の営業担当者のレベルがお世辞にも高いとはいえず、施主とトラブルを起こしてしまうのです。そのたびに足立ホームの社長が間に入り、施主の怒りをしずめるケースが幾度となくありました。もっとも、人あたりが良く、信頼を築くのが上手な社長だからこそできる芸当ではあるのですが……。

さておき、ここまで読んできた読者の方はお気づきのはずです。

「X社との取引条件を見直すか、それが無理なら仕事を断ったらいい」と。

もちろん、足立ホームの社長も理解はされていました。

「正常な状態でしたら、（X社とは）絶対に付き合わないです」

実際、このように断言されていました。

それでも資金繰りが厳しいなかで、安定した売り上げが見込めるX社は、「しんどいけれど付き合わないといけない先」とあきらめていたのです。

冒頭で述べた**強烈な思い込みにより、〝ねばならない思考〟（＝あるべきタイプ）に陥っていた**わけです。「X社の仕事は問題が多いけれど、売上規模自体は大きいので、X社と付き合っている限り何とかやっていける。いや、X社とやっていくことが経営安定化に不可欠なのだ」と――。

取引を継続すべきかを判断するために「比べる」

一方、私の印象は真逆でした。

「このX社と付き合っていては、足立ホームの経営は立ち行かなくなる」

そう感じたのです。

足立ホームの社長は「資金繰りのため」とX社との取引を大事にしていましたが、逆にX社は資金繰りを悪化させる元凶になっている可能性が高い。支払いが遅すぎるうえ、そもそも追加工事の代金がもらえないのでは、収益性がきわめて悪くなっているに違いない
――こうした課題が容易に想像できました。

そこで、私は足立ホームの社長の思い込みを解くために、

得意先別の収益状況

を出してみることにしたのです。

取引先同士を比べることで、X社が本当に必要かを知ることができます。

幸い、工事ごとの収益管理データは残っていたので、これを得意先別にまとめてみました。その結果が図表4－1です。

図表4-1 ■ 得意先別の収益状況

顧客名	工事件数	売上高	材料費合計	外注費合計	値引き	粗利益	粗利益率
X社	2	10,700,000	0	12,000,000		−1,300,000	−12.1%
甲社	3	9,500,000	1,290,000	3,380,000	−2,000,000	2,830,000	29.8%
乙社	4	5,800,000	470,000	3,200,000	−1,000,000	1,130,000	19.5%
丙社	1	2,500,000	1,250,000	920,000		330,000	13.2%
Y社	1	1,700,000	700,000	350,000		650,000	38.2%
Z社	1	1,520,000	420,000	500,000		600,000	39.5%
α社	9	1,500,000	160,000	470,000		870,000	58.0%
β社	1	1,300,000	550,000	78,000		672,000	51.7%
γ社	1	1,150,000	30,000	310,000		810,000	70.4%
⋮							
合計	55	43,000,000	6,400,000	23,000,000	−3,000,000	10,600,000	24.7%

手間がかかる、回収が遅い、年間通じて赤字……比べることで劣悪な取引実態が露呈

X社経由の仕事は、すでに粗利益段階で赤字でした。

手間がかかるのに、代金の回収は遅いうえ、さらに赤字……家で休んでいるほうがマシです。

社長もX社の状況がひどいとは思っていましたが、「ここまでとは……」と絶句されていました。

カンのメンテナンス――X社は重要顧客という勘違い

X社との取引は、最初は今ほどひどいわけではなかったそうです。支払いが遅く、利益も少ない傾向は当初からありましたが、足立ホームの社長も計算のうえで受注し、最初はそれなりに回っていたようです。

しかし取引が続くなか、X社にとって足立ホームは悪い意味で都合のいい、便利な下請け業者になっていきました。

支払いが遅れても仕事を受けてくれる。追加工事の請求を断っても仕事を受けてくれる。ややこしい顧客（X社が原因のようですが）の対応もやってくれる。

こうして次第に手間が増えていき、利益が残らない取引先になっていきました。それでも足立ホームの社長の頭の中では、X社の仕事は大変だけれど売り上げは安定するし、利益も残るとの感覚のままだったようです。次第にひっ迫する資金繰りの状況がねばならない思考を生み出し、かつ**取引条件をアップデートできずにいた（＝情報が古い［37ページ参照］）のも思い込みの原因のひとつ**になっていました。

それが今回、「得意先別の収益状況」を比べてチェックすることで、X社の劣悪な取引条件の実態がようやく理解でき、付き合うべき取引先ではないと認識を改められたのです。

比べることで見えてきた本当の得意先

一方、「得意先別の収益状況」で他の取引を見ていると、粗利益率が高い先がいくつか存在するのが分かります。そうした優良の得意先について、一つひとつ社長に話を聞いてみました。

するとさまざまな思い出話が出てきます。

「山田さんはこういう方で、昔こんなことがあった」

「鈴木さんからは2年前にこんな難しいオーダーをもらったが、何とか満足してもらえる仕事ができた」

「木村さんは、旦那さんが亡くなったときにずっと話相手になっていた。おかげで信頼してもらっている」

社長の人柄や仕事に対する姿勢を評価している得意先は少なくないと感じました。

しかし多忙を極めるなか、すぐには仕事につながらない得意先へのアプローチができなくなり、良好な得意先との関係が疎遠になっていました。

社長の良さを知ってくれている得意先との関係を見直せば、新しい仕事や取引先の紹介につながるのではないか。

そう考えた私は社長に対して、

「せっかくなので懇意にしてくれている得意先を一度、回ってみましょう」

と提案しました。

「理由もないのにうかがうのは……」とためらいがありましたが、「『近くに来たので寄らせていただきました。最近お変わりはありませんか』と世間話をするだけでけっこうです」と半ば強引にお願いしました。

話にあがった得意先の中から、比較的近場で心理的にも時間的にも行きやすい得意先を3件ピックアップ。社長自身、こうした訪問はしたことがなく、乗り気ではありませんでしたが、X社の状況もあり、藁にもすがる思いで訪問を始めました。

"3打数4安打"で新規案件を受注

それから半月後、足立ホームに足を運びました。

結果、社長は3件回り、なんと4件の仕事を受注されているではないですか。

社長が訪問した得意先は、皆さんあたたかく迎えてくれたそうです。そして、「じつはここがこの前の台風で壊れていて……」と相談が舞い込んできたというのです。

工事内容を説明して概算の費用を伝えると、「とりあえず先払いしておくわ。足りなければまた追加で請求して」と気前のいい返事。お客様から信頼されている証拠です。

また別のお客様からは、自分の家に加え、「うちが貸している建物も雨漏りがしているから、行ってきてくれないか。連絡はしておくよ」とご紹介も。こうして手間がかからないうえに代金の回収が早く、適正な利益が出る仕事が立て続けに4件も入ったのです。

訪問すれば、何らかの仕事につながる

「たとえ用がなくても訪問したら何か話が出てくるものですね。新たな気づきを得ることができました」と社長はおっしゃいます。

すき間の時間を見つけて得意先を訪問し、10分、15分雑談するだけ。これだけで案件の掘り起こしや新しい得意先の紹介につながったのです。

もちろん、これまで誠実に仕事に取り組み、お客様との関係性を築いてきた土台があっ

てこそです。足立ホームの社長は元請け先だけでなく、工事先の住人に対しても、常日頃からていねいな挨拶やコミュニケーションを欠かしません。

あるマンションの修繕工事を請け負った際のこと。日々の挨拶や撤収の際の掃除など、住民とのコミュニケーションをとり続けました。

すると住民に大変好評で、評判を聞きつけた元請け先の担当者から、

「別のマンションでも同じ工事をおこなっているが、今の業者はクレームが多い。そちらも担当してもらえないか」

と案件の受注につながりました。

得意先に事業内容を知ってもらう大切さ

足立ホームは社長の技術力に加え、長年付き合いのある職人の力により内装、外装、配管、外構など多様な工事に対応できます。

しかし得意先の案件状況を見ていると、偏りがあることが分かりました。内装の得意先は内装案件だけ、配管の得意先は配管案件だけといった具合です。

そこで、**得意先訪問の際には過去に受注したことがない工事の話を雑談の中に入れる**よ

う提案しました。内装を手がけた得意先に対して「この間、こういう配管の工事がありましてね……」という感じです。

いくつかの得意先からは「御社はそんな工事もしていたのですか。また修繕が近いので相談させてください」と言われ、案件の獲得につながりました。

「10年以上付き合いがあるのに、案外、知ってもらえていないものですね」と社長は語ります。

こうして良好な得意先に関わる時間が増えたため、X社を含めた課題のある取引先との仕事の比重を徐々に減らしていくことが可能になりました。その結果、これまで散々悩まされてきたトラブル対応がウソのようになくなったのです。

さらに支払条件が良い仕事が増えていくなか、課題だった資金繰りが改善。現在、売上高は2倍に達し、利益率も大幅に改善されました。加えて得意先からの紹介で大型案件を受注したため、最終的にX社との取引を終了することができました。

事例5のまとめ

思い込み
安定した売り上げが見込めるX社は、しんどいけれど付き合わなければならない顧客

見える
「得意先別の収益状況」により、X社の劣悪な取引条件の実態が露呈
粗利益率の高い優良顧客が何社か存在する

分かる
付き合うべきはX社ではなく、自社を高く評価してくれている得意先である

動ける
本当の優良顧客に的を絞り、仕事はなくても挨拶訪問をおこなう

変わる
訪問すれば何らかの仕事が生まれる。
資金繰りが改善し、売上高・利益率も大幅改善

事例
6

営業活動の実態を把握し意識が変化。行動量を可視化する「○△×表」で取引先との接点が増え、売上高2割アップに

会社概要

会　社　名：有限会社肥田金属（仮称）
業　　　種：金属製品加工業
年　　　商：2000万円
従業員数：２名
業　　　歴：40年

社長の悩み

父が創業後、大手メーカーとの取引を軸に長年順調に経営を続けてきました。その後もご紹介によって取引先が増え、安定した受注量を確保していました。

しかし近年、一部取引先からの受注量が減少しており、赤字に陥ってしまいました。止血の対策として役員報酬を中心にコスト削減を図り、赤字幅をかろうじて抑えてはいますが、固定費の支払いも厳しくなっています。

取引先を増やして売り上げを伸ばしたいのですが、創業時から良いお客様に恵まれてきたこともあって、営業活動の経験がほとんどありません。

ビジネスの成果は、「手法×行動量」で決まる

中小企業の経営者は自らプレイングマネジャーとして現場の第一線で活躍されているものです。営業はもちろん製造から管理まで、1人何役もこなしている人も少なくありません。

そうやって大車輪の活躍で事業を強力に推進するのはすばらしいですが、注意しなければならないことがあります。**何から何まで自分でやりすぎるゆえ、仕事をしたつもりになりかねない**ということです。

ある小売業の社長はおっしゃっていました。

「忙しくなってくると朝から晩まで配達に走り回ってしまう。そうしてクタクタになって帰ってきてからのビールがうまいんだ。でも、社長としての仕事は丸一日何もできていない。本当に危険だと思う」

この社長のように、ご自身の状態を客観的に把握できていれば問題はありません。ところが多くの社長は仕事をした気になったまま、「これだけがんばっても業績が伸びないのは、今のやり方が間違っているせいだ」と思い込み、判断を誤るのです。

ビジネスの成果は、手法（プロセス）と行動量の掛け算で導き出せます。どれほど優れた手法（プロセス）でも、必要な行動量がともなわなければ効果は得られません。手法（プロセス）を疑う前に、行動量は十分なのかを知る必要があるのです。

行動量を客観視することで思い込みから解放され、長年の課題であった売上増加を果たした事例をご紹介しましょう。

リーマン・ショックで業績悪化、しかし改革の手を打たず

有限会社肥田金属（仮称）は現社長が1978年に創業した町工場で、現在は社長と従業員の息子2人の計3人で営んでいます。

創業時から同地域にある大手メーカーと取引を開始し、高い技術力ときめ細かな対応力で取引先の要望に応えてきました。そんな誠実な姿勢が評価され、取引先が新たな顧客を紹介してくれる好循環で順調に経営を続けてきました。

現在は、長男である後継者が中心となって会社を回しています。短納期対応や1個からの小ロット納品にも応じ、さらにお客様からの引き合いは原則断らない社長の考えを引き継ぎ、顧客からのリピート獲得につながっています。

ところが、リーマン・ショックをきっかけに、取引先からの受注が減少しました。「当社は、主要な取引先が6社しかないため1社ごとの影響が大きいです。とにかくコストを抑えて乗り切るしかありませんでした」と後継者は振り返ります。

リーマン・ショックといった外部環境の大きな変化が生じた際、業績が一時的に急落するのはやむを得ない面があります。

まずは支出を抑え、つぎに金融機関から資金を調達して危機をしのぐ。多くの中小企業がとる緊急措置ですが、つなぎ融資を得られたからといって安心し、とどまってはいけません。

この危機の中でも何らかの工夫はできないものか。

むしろ**危機的状況だからこそ、日ごろ取り組めない改革に乗り出すチャンス**だと前を向き、新たな売上獲得の可能性、目の前の業務で手いっぱいで対応できなかった社内体制の整備など、考えられる手を打っていくのが大事です。

やまない雨はありません。

事態に好転の兆しが見られた際に、つぎの成長に向かうのか、そのまま自然に任せて低空飛行を続けるのかは、危機の中でどんな力を蓄えたかという対応次第です。

肥田金属は、資金調達が完了した時点で手を止めてしまいました（＝楽観タイプ）。

リーマン・ショックの影響が薄れるなか、取引先からの受注量は元に戻り始めましたが、一部の取引先とは関係が切れてしまいました。結果、赤字は解消したものの、ギリギリ黒字という水準です。

売り上げ拡大のために慣れない新規開拓をしてみるが……

こうした状況に危機感を抱いた後継者は、新規顧客の開拓を目指して営業活動を始めました。しかしこれまでは紹介で取引先を増やしてきたこともあり、営業経験がありません。とにかく考えられることをやってみようと、飛び込み営業やダイレクトメールの送付など精力的に取り組んでみました。その行動力自体はもちろんすばらしいですが、新規の営業活動に対する反応は悪く、アプローチした１００件中、１件問い合わせにつながるかどうかという状況です。

加えて商談にこぎつけても、足元を見られて相手からの値下げ要求が厳しく、労力のわりに利益が出ない状態です。後継者いわく、「質の悪い先」が増えてしまったのです。

「まあまあ」という言葉ににじみ出る甘さ

好転の兆しが見えないなか、後継者は「どうすれば売り上げを伸ばせるのか、アドバイスがほしい」と専門家の意見を求めることにしました。

まず、後継者がされてきたように新規顧客の開拓を闇雲におこなっても難しいのは目に見えています。加えて同社の規模は小さく、専属の営業を雇い入れる余裕はありません。攻めの営業をするためには、製造や配達などのメイン業務の片手間に、後継者自らが動くしかありません。

しかし、ヒアリングを続けるなかで、私は違和感を覚えました。

新規顧客の開拓の話は出てくるものの、既存顧客へのアプローチについてはまったく話題にのぼらないのです。

後継者の話をうかがう限り、創業時から10年以上の付き合いのある良い取引先がほとんどです。さらに取引先の規模も大きく、一定の仕事量を確保できそうです。加えていえば、取引先各社はそれぞれにネットワークをもっているでしょうから、取引先経由で仕事の紹介を依頼できるかもしれません。事実、肥田金属は取引先からの紹介でビジネスを拡大してきた歴史があります。

そんな既存の取引先に対するアプローチはどうなっているのか、後継者にたずねてみました。すると、つぎのような答えが返ってきました。

「もちろん、まあまあ行っていますよ」

既存顧客のフォローができているのかを知るために「比べる」

（まあまあ？）

後継者の様子から、ある程度のフォローアップはできている自負があるようでしたが、私の印象は真逆でした。

（まあまあとおっしゃるが、新規取引先開拓の話と比べて具体性がきわめて乏しい）

そう感じたのです。

後継者は、利益を確保するために新規取引先を開拓したいと考えていましたが、私は**既存取引先にこそ、復活の起爆剤となる可能性が眠っている**と考えたのです。

「1対5の法則」（149ページ参照）をお伝えしたように、新規取引先を獲得するコストは、既存取引先を維持するコストの5倍かかるといわれています。手間のかかる新規営業の前に、既存取引先へのアプローチをやり切る必要があるのではないか。

そこで、私は後継者の思い込みを解くために、客観視ツールの「○△×表」にあてはめて、

・日別の営業活動状況

を可視化することにしました。行動量を比べてみて、「まあまあ行っている」という営業活動が十分なのかを明らかにするのが目的です。

営業日報などを作成できればベストですが、後継者は製造に配達に事務に経理にと八面六臂の活躍をされている方です。とにかく手間なく、シンプルに状況が分かるツールが必要です。

こうした際に私がよく使うのが「○△×表」です。読者の皆さんは、あまりにも簡単すぎると思われるかもしれませんが、侮るなかれ。**目標数字を○△×で可視化するだけで、状況が一目瞭然になる優れたツール**です。

自分で基準を設定し、記録をつける

「○△×表」とはごくシンプルなツールで、「どういう条件なら『○』」と自分で基準を設

図表4−2 ■ **営業活動の状況（改善前）**

月	火	水	木	金	土	日
1日 △	2日 △	3日 ○	4日 △	5日 ×	6日	7日
8日 ×	9日 △	10日 ×	11日 ○	12日 △	13日	14日
15日 △	16日	17日	18日	19日	20日	21日
22日	23日	24日	25日	26日	27日	28日
29日	30日	31日				

○:5件以上　△:3件〜4件　×:2件以下

定し、日々記録をつけるだけの表です。

肥田金属の場合はつぎのような会話で基準を定めました。

「日々のさまざまな仕事の合間をぬって、『これだけ行けたら今日は営業活動ができた』と思える件数は何件ですか？」

「そうですね……5件以上行けたらいいと思います」

「では、5件以上訪問できれば『○』にしましょう。反対に、『この件数以下なら今日は営業活動をしたとはいえない』と思える件数は何件ですか？」

「2件以下でしょうね」

「では、2件以下なら『×』として、間の3～4件は『△』にしましょう」

こうして既存取引先への訪問を開始し、毎

日記録してもらった結果が図表4－2です。

訪問回数の少ない実態が一目瞭然に

約半月後に肥田金属を訪問したところ、後継者は「○△×表」を前にこう言いました。

「すみません。思っていたより訪問できていませんでした」

後継者としては、もっと頻繁に営業活動をしていたと思い込んでいましたが、記録を付けてみると△や×ばかりで○の日が少ないことに気づきました。

カンのメンテナンス——行動量の過信

後継者は、自分の行動量に自信をもっていました。

製造、配達、打ち合わせ、事務作業……と日々、忙しくされている方です。そのため、「自分は行動できている」との強いイメージがあったのです。

加えて、連日配達で取引先を回っているため、**「取引先に訪問している＝営業活動をしている」という勘違い（＝ものさしの違い［41ページ参照］）もあった**ようです。その思い込みが如実に表れていたのが「まあまあ」という言葉です。あいまいな表現を使うと基準が不明確になり、思い込みが助長されてしまいかねません。

その後、日々の行動基準を自ら設け、記録を付けていくことで、思っていたより足を運べていない実態が明らかになり、思い込みを取り払うことができたのです。

行動量を可視化し、「○」を増やす意識だけで動きは変わる

ひととおり説明を終えた後継者はこうおっしゃいました。

「でも、つぎは見ていてください。がんばりますので」

後継者の表情から、これから何をすべきか理解できている様子が伝わってきました。元来やり手の経営者です。思い込みさえ解消できれば、自分が何をすべきかすぐ理解し、行動に移せる人です。

半月後に肥田金属を訪ねた際、後継者から提示された表が図表4-3です。

16日以降、「○」の数が目に見えて多くなっているのが分かります。

「少しでも『○』を増やそうと思いました」

「『×』にだけはしないよう、件数が少ない日は段取りを調整し、意識して午後から回り

図表4-3 ■ 営業活動の状況（改善後）

月	火	水	木	金	土	日
1日 △	2日 △	3日 ○	4日 △	5日 ×	6日	7日
8日 ×	9日 △	10日 ×	11日 ○	12日 △	13日	14日
15日 △	16日 △	17日 ○	18日 ○	19日 △	20日	21日
22日 △	23日 ○	24日 ○	25日 ○	26日 △	27日	28日
29日 ○	30日 △	31日				

○:5件以上　△:3件～4件　×:2件以下

ました」

以前は取引先の納品場所に配達して帰っていましたが、件数を上げるために事務所に顔を出して挨拶するよう工夫したようです。

どうしても件数が足りないときには、配達先からの帰り道にある別の取引先にトラックを停め、顔を出すようにしました。

こうして**件数を意識したことにより、行動量が増加していった**のです。

取引先との接点が増え、売上高2割アップに

取引先の担当者との接点が増えたことによる効果はすぐ表れました。

「ちょうどできあがったものがあるから持っ

ていってくれ」

「こういう技術的な課題がある案件があるんですが、少し見てもらえませんか」

取引先の事務所に顔を出すと、「ちょうどよかった」と声をかけてくれることがあると分かりました。

新規開拓の場合、まず先方の社内で検討されたうえで、肥田金属に発注するかどうかの判断がなされます。それに対して既存顧客へのアプローチの場合はすでに信頼を得ているので「肥田金属さんが来てくれているから聞いてみよう」とその場で話を振ってくれるようになったのです。

当然、肥田金属で可能な案件は二つ返事で「やります」と持ち帰りました。

加えて、訪問回数が増えるなかで意外な効果も表れてきました。

取引先担当者との関係性がこれまでよりも深まったこと、そして取引先社内の人間関係やパワーバランスが分かってきたことです。

誰に依頼したら話がスムーズに進むのか、新しい取引先を紹介してもらうには誰と接点をもてばいいのか、つまりキーマンの存在がつかめてきたのです。

ある案件は技術的に難しかったものの、親しくなった取引先の課長が積極的に協力してくれた結果、コストアップを認めてくれました。

さらに後継者の成長を実感できたことがあります。

「○△×表」の裏に、手書きの営業メモを残す工夫を取り入れていたのです。

・今日は納品先ユーザー様のご担当者様から7、8月分の受注をいただけました！

・1つの案件で約20万の受注を3つほどいただけました！

・やはり営業はタイミングなのでしょう。自分の足で動くことで、より受注確保につながるとあらためて思いました！　この先もがんばるぞ！

メモを見せていただき、嬉しくなりました。思い込みを取り払い、既存取引先に意識を向けて活動を続けた結果、減少傾向にあった売上高は2割アップし、計画どおりの黒字化を達成することができました。

事例6のまとめ

思い込み

売り上げを伸ばすために新規顧客を獲得しなければならない既存顧客に対する営業は、「まあまあ行っている」

見える

「○△×表」により、既存顧客先に思った以上に足を運べていない実態が露呈

分かる

「まあまあ」というあいまいな基準では感覚と実態にズレが生じる

動ける

自分が決めた具体的な基準をクリアできるよう、「○」を増やす意識で既存顧客を訪問

変わる

取引先の担当者との接点が増えて相談・受注が増加、計画どおりの黒字化を達成

事例
7

「売上高状況」の可視化で繁閑の周期を把握。年間を通した改善活動の導入で売上高と利益が向上し、改善の習慣も定着

会社概要

会 社 名：シナワキベーカリー株式会社（仮称）
業　　種：食品製造・販売業
年　　商：１億7000万円
従業員数：32名
業　　歴：24年

社長の悩み

当社は、おかげ様で地元で高く評価をいただいてきたパン屋です。材料や製法にこだわった商品を提供することでお客様にご愛顧いただき、長年経営を続けることができてきました。

６年前には２号店を開店し、テレビにも取り上げられた影響もあって売り上げが大きく伸びました。しかし材料費や人件費が増加し、利益を圧迫しています。加えてテレビによる効果も落ち着き、売り上げの減少に歯止めがかからず、ついに赤字に転落してしまいました。

営業や生産の面で問題が多く、改善を進めようとしていますが、当社の従業員は持続力がなく活動が長続きしません。

閑散期に思いつきで始めた取り組みは長続きしない

少数精鋭の中小企業の現場はたいてい多忙を極めていますから、新たな対策や改善活動に腰を据えて取り組むのは簡単ではありません。少し余裕が出てきたので着手しようと思っているうち、また繁忙期が到来し、何も手をつけられずにずるずると時間だけが過ぎ……そんな企業を数多く見てきました。

たとえば、つぎのようなケースです。

「繁忙期が終わって閑散期に入った。時間の余裕ができたことだし、生産性向上のための取り組みを始めよう。まずはプロジェクトメンバーの決定だ。よし、アイデアを出そう。あれっ、そもそも課題ってなんだっけ？　ムムム、まずはやることを整理しよう。取り組みを進めるスケジュールは……」

そんなふうに話をしているうちに時間が経過し、また徐々に忙しくなってきます。やがてプロジェクトメンバーの欠席者が増え、活動は滞り、繁忙期が本格的に始まるとプロジェクトは消滅。そしてまた閑散期に入り余裕が出てくると、いちから同じことを繰り返すのです。

こんなことを続けていても成長はありません。**新たな取り組みを始める場合、年間スケジュールをあらかじめ立てておくのが望ましい**です。暇になってから「何をしよう？」では遅いのです。

年間の仕事の状況を把握することで、どの時期に何をやるべきかを考えて取り組み、業績改善につながった事例をご紹介しましょう。

2号店の出店を機に狂い始めた経営の歯車

シナワキベーカリー株式会社（仮称）は地域の人気パン屋で現社長が創業しました。現社長の父の代までは和菓子屋を営んでいましたが、洋菓子が主流になるなかで業態を転換。当初は試行錯誤の繰り返しでしたが、材料や製法にこだわった商品を提供することで、ファンが口コミで少しずつ増えていきました。

創業から10年が経過するころには、地域の有名店として知られるまでになりました。最寄り駅から徒歩40分と好立地とは必ずしもいえない環境ですが、他府県からも車で顧客が来店するほどです。

そんなシナワキベーカリーの歯車が狂い始めたのは6年前。知人の紹介で郊外の大型商業施設に2号店を出すことになったのがきっかけです。

後継者を店長に据えてスタートした2号店は、おいしさが評判を呼んで期待以上の売上高を記録。1億円だった売上高は、2号店の出店で1億5000万円に拡大しました。

ただ、利益額は全社で前年と同水準に落ち着きました。出店の費用が多額となり、増加した利益のほとんどを食いつぶしてしまったからです。

「最初は仕方がない。来年度は大きな投資はないので利益が出るだろう」

社長も後継者もそのように甘く考えていました（＝楽観タイプ）。

規模の拡大に利益がついてこない

「ところが……その後も利益額は変わらず、ここ数年は赤字に陥ってしまいました」と後継者は言います。

1億5000万円を記録した翌年の売上高は1億8000万円に達しましたが、材料費や人件費が増加したことにより、やはり利益は出ません。

このように売り上げは伸びる一方、コスト負担の影響で厳しい経営を余儀なくされていたシナワキベーカリーに転機が訪れます。2号店を出して3年目、テレビに取り上げられたことで顧客が殺到したのです。

「毎日が戦場のようで、製造を何とか間に合わせることばかり考えていました」

結果、この年の売上高は2億2000万円を記録。利益も例年を上回る水準で、「これで収益体制ができた」と安心しました。

ところが安堵したのもつかの間、この年をピークに売上高は低下傾向に転じます。私に相談いただいたときには年商1億4000万円と、2号店開店時の1億5000万円をやや下回る水準にまで下がっていました。

新規出店の勢いをそぐ「急拡大の後遺症」

利益の低下は、売上高の低下以上に著しいものでした。500万円の赤字となったのです。材料費や人件費が高止まりしており、売上高に占める割合が年々増加していました。

社長や後継者は日々現場に入るなかで、さまざまな問題を感じていました。

「製造が非効率になっている。とくにその人しかできない属人的な作業が増えており、待ち時間が増えている」

「新商品の開発が進んでいない。以前は年に10点ほど出していたが去年は2点だった」

「売り場の人数が多すぎる。以前はこの3分の2の人数で回っていた」

私はこうした話を聞きながら、**「急拡大の後遺症問題」**を考えていました。

会社にはそれぞれの規模に応じた仕組みがあるので、おのずと対応できる限度があります。売上高1億円の会社には、その規模に合わせた販売活動や製造体制といった社内組織があります。

これが急激に拡大するとどうなるか。

1億円の売り上げを出すために機能していた仕組みの会社に、2億2000万円の対応を求めるわけです。

現場は混乱し、それでもお客様に対応しなければならないとの使命のもと、さまざまな改革が図られます。これは良い改革だけではありません。

急拡大のタイミングにおいては仕組みをゆっくりと見直している暇はありません。多くの場合は緊急対応ルールが発生します。

「(とにかく早く出さないといけないから)今回はこのチェックを省こう」

「(このほうが早いから)今回は作業手順を変えよう」

こうした緊急対応ルールで急拡大をやり過ごしますが、弊害があります。

既存のルールが崩れるのです。そのため状況が落ち着いた際に、(売上拡大が一過性のものであれば）元のルールに戻すか、2億2000万円に対応した新ルールに刷新しなければなりません。

しかし、多くの会社は「やれやれ大変だった」と安心し、ルールも自然に元に戻るだろうと安易に考えがちです。ところが緊急対応ルールの多くは、本来必要なことを省くことでスピードを手に入れるイレギュラー事項がほとんどです。

必要な対応を無視するというのは、作業者にとっては「楽」なものです。そのため、**放っておいても自然に戻ることはなく、楽なルールが継続される**ことになります。

改善活動のタイミングを見定めるために各月の仕事量を「比べる」

こうした状況に危機感を抱いた社長と後継者は、何とか改善しようと奮闘しますが成果につながりません。時間に余裕が生まれると活動を開始し、忙しくなるとリセットされるという、中小企業が陥りがちな典型的なパターンを繰り返していました。

しかも社長と後継者は責任を他者に求める意識になっていました。改善が進まない理由を、従業員のやる気の問題にしていたのです。

「当社の従業員は継続性がないので、少し忙しくなるだけで活動が止まってしまう」とおっしゃいます。

そこで、私はどのような流れで改善を進めていくかのヒントを探るため、

・月別の売上高状況

を出してみることにしました。月別の売上高推移によって年間の仕事量を比較し、改善活動のタイミングを見定めることにしたのです。

どの時期にどの対策をするか、年間を通して考える

シナワキベーカリーの月別の売上高を3年間分、並べた表が図表4－4です。

3年間分並べた理由は、単年だと例外的な事象が生じている可能性があるためです。複数年並べたほうがより事実に近くなります。

この表で各月の売上高を比べることで、
・繁忙期：4月、5月と8月～11月
・通常期：6月、7月、11月
・閑散期：1月～3月、12月

図表4-4 ■ 月別の売上高推移

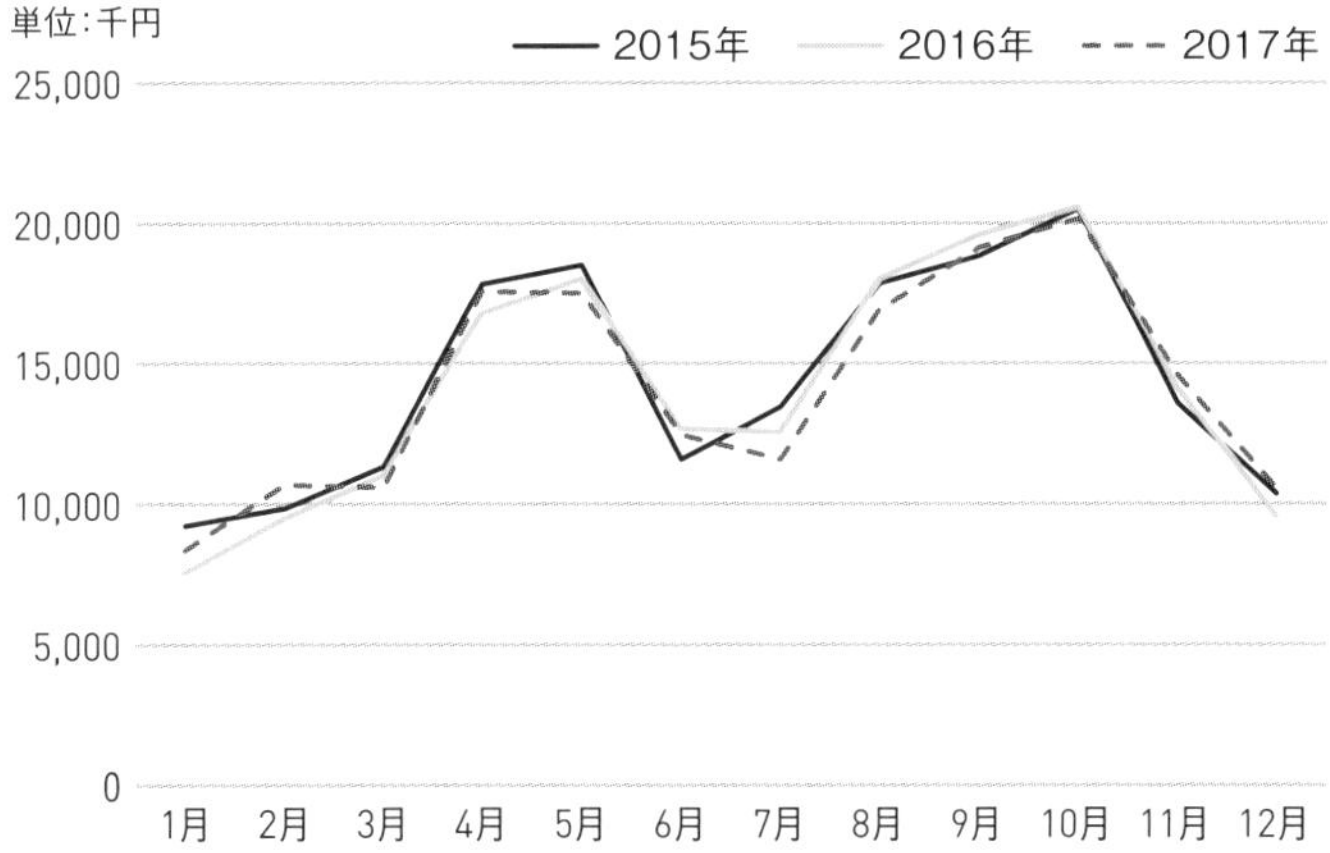

という傾向が見えてきました。

これを踏まえてどの時期に、どのような改善活動を実施するか考えていきます。

ちなみに、後継者はこの表を見ながら、「気持ちも新たに1月から何か始めるムードになり、2月あたりからスタートする一方、3月半ばから忙しくなり始め、結局うやむやになってしまうのが当社のパターンですね」とおっしゃっていました。つまりカンと実態はズレてはいなかったのです。しかしその感覚を改善に活かせていませんでした。

毎年同じ繰り返しなのであれば、その波を前提に段取りを組む必要があります。

仕事量を「比べる」ことで見えてきた改善活動のタイミング

ここで、社長と後継者とミーティングをおこない、それぞれの時期の特徴と、シナワキベーカリーの方向性について話し合いました。

❶繁忙期：何かを始めるには適さない時期

忙しいタイミングですが、それだけお客様のニーズが高い時期ともいえます。したがってこの時期に新たな取り組みを導入するのは現実的ではありません。他の時期に改善を進めておき、その成果を売上高ＵＰとして結実させたい時期です。

❷通常期：活動を継続する時期

仕事量はそれなりにあるものの、まだ余力が残っている時期です。本格的に何かを始めるには時間が足りませんが、閑散期に考えた施策を実行に移していく、あるいは習慣として定着させるにはいい時期です。お客様のニーズもそれなりにあるため、来るべき繁忙期の本番に向けて販売活動を試してみるのもいいでしょう。

❸ 閑散期：何かを始める時期

もっとも余力のある時期です。何か施策を始めるには最適の時期といえます。ただし、導入した取り組みがこの時期だけで完結することは少ないため、通常期以降を見据えた段取りやスケジュールが必要です。

一般に時間に余裕が出てくると、販売活動に慌てて取り組む企業が多いですが、売り上げが落ち着いている時期はお客様のニーズも少なくなっている時期です。このタイミングを利用し、新しい商品・サービスを考案したり、既存の商品・サービスの新たな用途開発を検討したりするなど、新たな展開を模索したいところです。

カンのメンテナンス――繁閑の差

社長と後継者は、いつも閑散期を迎えてから腰を上げて課題を探し、改善活動を開始していました。しかもその活動は繁閑の差が加味されておらず、実行するのが難しい取り組みになっていました。

社長と後継者は「月別の売上高状況」で繁閑の差を知ることで、これまで失敗してきたパターンに気づきました。3月と4月の売上差は1・7倍です。この差を無視した活動では継続は困難でしょう。

2人とも、毎年繰り返しているお決まりのパターンを感覚で認知はしていたものの、なぜ改善活動がうまくいかないのかまでは明確化できていませんでした。それよりも、活動がうまくいかない原因を従業員の取り組み姿勢の問題にすり替えてしまっていたのです（＝感情［40ページ参照］）。

その後、**繁閑の差の実態をグラフで客観視することで自分たちの感覚がデータで裏づけられ、取り組みが失敗していた原因と今後のやるべき対策が理解できた**ようでした。

そこで、年間を通した改善計画を検討することになりました。

製造と販売の年間計画を作成し、年間を通して活動を途切れさせない

まずは、年間を通して取り組むテーマを設けました。

製造では廃棄ロスをはじめとした材料費の削減を、販売では年間を通してイベントを計画的におこなうことをテーマに設定。そのうえでテーマごとにゴールを設け、終了時の在るべき姿を明確にしました。

その後、ゴールに至るまでの段取りを検討しました。計画期間は閑散期に入る11月から翌年の10月までとし、繁閑の差を考えて各段取りを配分します。大まかな段取りはつぎのとおりです。

- **材料費削減作戦の立案・情報収集（11月）**
- **作戦の検討と段取りの設計（12月）**
- **段取りの実施と検証（1月〜2月）**
- **繁忙期実施事項の確認と6月への申し送り（3月）**
- **データの収集、気づき事項の収集（4月〜5月）**
- **申し送り事項および気づき事項の確認と改善策の立案（6月）**
- **繁忙期実施事項の確認と11月への申し送り（7月）**
- **データの収集、気づき事項の収集（8月〜10月）**

大事な点は、年間を通して活動を途切れさせないことです。

繁忙期中にも、実施中の施策のデータ収集や気づいた事項を記録するなどすることで、つぎにつなげられます。さらに繁忙期前に申し送り事項（繁忙期終了後に実施予定の行動リストとその理由）をまとめておくと、閑散期になってから「前に考えていた取り組み、何だっけ」といった忘却を防ぐことができます。

最大の成果は、改善する習慣が社内に根づいたこと

こうして社長と後継者を中心とした改善活動が始まりました。当初の計画どおりに進んだ項目は多くはありませんでしたが、いつの間にか消えてしまう活動はなく、遅れた活動も再度スケジュールを組み直すことで対応していきました。

数字面での成果も表れ、売上高は前年比で１１２％。材料費についても、約１００万円の無駄を削減することができました。

しかし、社長と後継者がおっしゃっていた改善効果はもっと本質的なものでした。

「**いちばんの成果は、社内で改善する習慣がついたこと**です。相変わらずゆっくりではありますが、できることが増えてきました」

「正直、先生に言われたことをやってみて、何かが劇的に変わったわけではありません。しかし、一昨年に比べて去年、去年に比べて今年のほうが組織がレベルアップしているのは間違いありません」

目新しい対策に取り組むのではなく、できるのにやっていなかった細かな改善に取り組んでいくことで組織が強化され、成果が出る——コンサルタントとして私がもっとも大切にしている中小企業の現場改善の本質に自分たちで気づかれたのです。

事例7のまとめ

思い込み	見える	分かる	動ける	変わる
2号店が軌道に乗れば売り上げが増え、利益もやがてついてくるだろう 当社の従業員は継続性がないので、忙しくなると改善活動が止まってしまう	「月別の売上高状況」を可視化し、繁忙期と閑散期の周期の実態を把握	漠然と感じていた失敗のパターンと繁閑の状況が一致 改善活動が続かず、赤字に陥ったのは従業員のせいではない	繁閑の状況を加味して、年間を通した行動計画を作成	一年を通して改善活動が継続。売上高・利益改善とともに 改善の習慣が身につく

事例
8

「曜日別の売上高」を比較し、伸び悩みの原因を把握。売り場展開と教育を見直し、代表不在時の平均売上が増加

会社概要

会 社 名：戸井青果店（仮称）
業　　種：小売業
年　　商：1400万円
従業員数：２名
業　　歴：８年

代表の悩み

８年前に、地域の農家がつくった野菜を販売する事業を始めました。車での移動販売でスタートしましたが、固定のお客様が徐々に増えてきたこともあり、１年前に事業の拡大を目指して店舗をオープンしました。現在は店舗と移動販売を運営しています。

店舗のほうも固定のお客様が増えており、売上高は増加しています。しかし、当初考えていた売上高と比べれば伸び悩んでいるのが正直なところです。お客様の数は想定していた範囲ですので、自分が考えているより売れていないと考えています。店舗の売上高を伸ばすにはどうしたらいいでしょうか。

「売れない」ではなく「買えない」という問題

支援先の中小企業の相談でよくあるのは、「売れない」と「買えない」を混同されているケースです。

「売れない」とは、顧客が商品やサービスを認識したうえで「買わない」と判断している状態です。

一方の「買えない」とは、そもそも顧客が対象商品やサービスを認識していない状態です。当然ながら、顧客は存在自体を知らないものを買うことはできません。つまり**「買えない」とは、売り手が思っているほど自社のことが顧客に伝わっておらず、そもそも購入検討の土俵にすら上がっていない状態**です。この違いが分からずに、「売れない」と思っても状況は改善しないでしょう。

当たり前ですが、売り手は自分のことをよく知っています。たとえば小売店を営んでいれば、どんな商品を扱っていて、どの売り場のどの陳列棚に何が置いてあるかをおおむね把握しているはずです。毎日現場で働くうち、〝知っていること〟が当たり前になっていきます。

しかし、顧客は違います。

週に一度、ひと月に数回、場合によっては一生に一度しか来店しないケースもあります。当然、顧客はどこに何が置いてあるかなど、いちいち把握していません。つまり顧客は、自分たちが思っている以上にお店や商品を知らないということです。

「売れない」と嘆く前に、「買えない」状態にあるのではないかと見直してみる必要もあります。

野菜の移動販売店としてスタートし、ファンを増やしてきた代表者

戸井青果店（仮称）は8年前に野菜の移動販売店としてスタートしました。地元の契約農家から集荷し、隣接する市の住宅街を回る移動店舗として運営。農薬や化学肥料に頼らない地元の野菜にこだわっています。

スーパーでは見かけない変わり種の野菜も多く取りそろえている点も特徴です。こうしたおいしさやこだわり、物珍しさが評価され、固定客を少しずつ獲得していきました。

収入が安定していくなか、より多くの顧客においしい野菜を届けたいと、1年前に隣の市に店舗をオープン。店舗は少し狭いものの、駅前の好立地ということもあり、主婦層や

会社帰りの人たちがよく立ち寄っています。

代表者が基本的には接客しますが、移動販売に出る際には、創業時から手伝ってくれているパートが売り場に入ります。

代表者とパートの人柄もあって、開店1年目にして店舗の常連客も増えてきました。一見すると、順調な滑り出しを迎えているように思えます。

店舗を出店しても伸びない全体売上

「もう少し売り上げが伸びると見込んでいたのですが……」

開店前に期待していたほど店舗の業績は上がらず、もう少し売り上げを伸ばしたいというのが代表者の悩みでした。

「店舗の固定費を考えると少し黒字というところです。正直、移動販売だけをしていたときと比べて格段に忙しくなりましたが、利益にはつながっていません」

開店前は、「移動販売と店舗の2本軸になるので売上高も利益も倍くらいにはなるかな」との期待を抱いていたそうです（＝楽観タイプ）。

ところが、店舗の売上高は移動販売より少しプラス程度。利益に至っては赤字すれすれです。

顧客が少ないかというと、日々それなりの来店があります。移動販売と共通の野菜を取り扱っており、商品自体の品質には自信があります。

駅前立地の強みと、最低限の広告と口コミで広がってきた経緯がありますが、業績を伸ばす攻めの一手として、宣伝活動を積極的に展開すべきか検討しています。

……とはいうものの、予算が潤沢にあるわけではないので二の足を踏んでいます。

「買えない」問題が生じていないかを知るために「比べる」

さっそく店舗を見学させていただくと、色とりどりの新鮮な野菜がズラリと並んでいました。

スーパーで見かける野菜も多いのですが、色やかたちが通常の野菜とは違う目新しい商品が所々に陳列されています。「これは何ですか?」と代表者に次々と質問していくわけですが、すぐに詳しい説明をしてくれます。

野菜の名前から産地、特徴、おすすめの調理方法など、どの野菜について聞いてもすかさず答えてくれるので、とても勉強になりました。

そこでふと感じた疑問があります。

（この代表者がいないとき、これらの珍しい野菜は売れないのではないか）

そんな視点で売り場を見ていくと気づくことがあります。野菜はていねいに陳列されているものの、その特徴を説明するような掲示物が見当たらないのです。

ちなみにパートさんに、代表者と同じくらいの知識があるのかたずねてみると、

「日々売り場で見ているのである程度の知識はありますが……さすがに代表と比べると分からないことが多いですね」

とのこと。

売り場の状況とパートさんのコメントから、「売れない」のではなく「買えない」問題が生じている可能性を感じました。

その疑問を確かめるために、

曜日別の売上高状況

を出してみることにしました。

詳しいデータはありませんでしたが、日々の売上記録が残っていたのでそれを活用することにしました。

図表4-5 ■ 曜日別の平均売上高（改善前）

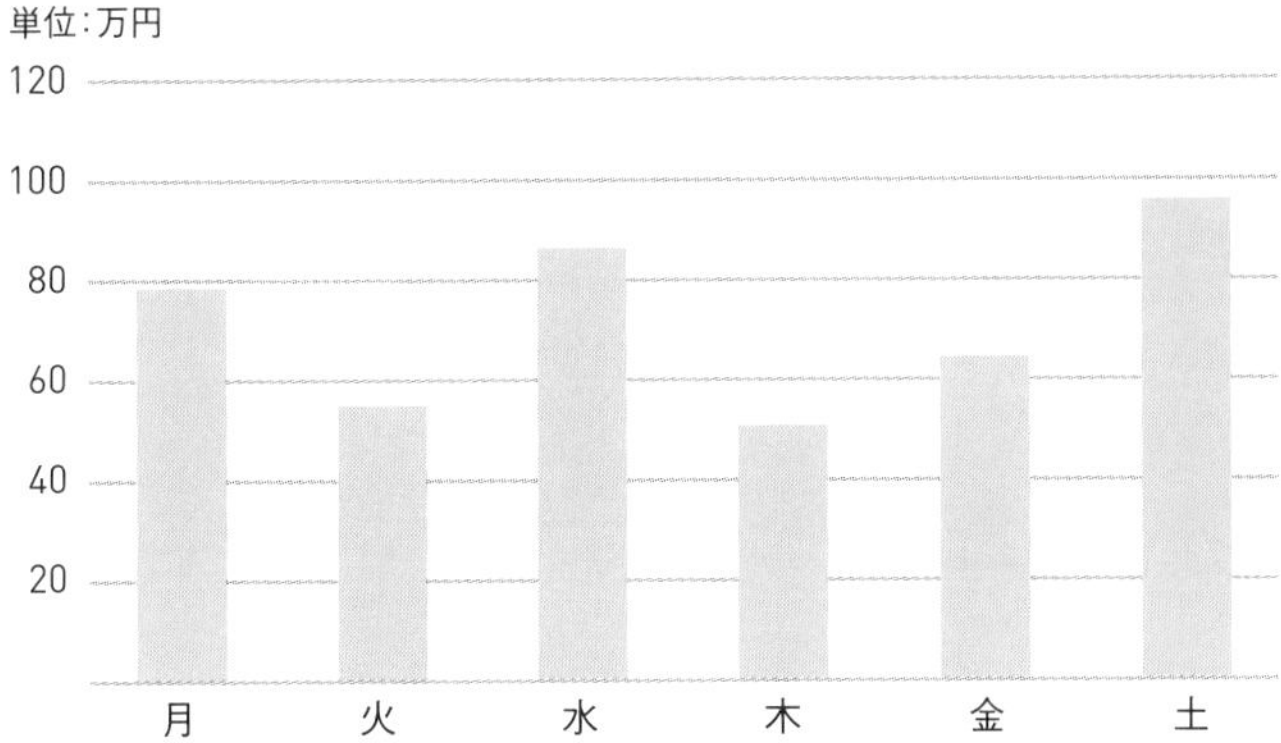

曜日別の売上高を比べることで見えてきた、代表者不在時の伸び悩み

店舗の曜日別の平均売上高を比べたのが図表4－5です（日曜日は定休日）。

グラフ化すると、各曜日の傾向がよく分かります。売り上げが多いのは月、水、土曜です。一般に土曜は仕事が休みの人が多く、また同店は日曜が定休日なのでまとめ買いが多いのかもしれません。

逆に売り上げが少ないのが火、木、金曜です。その理由を確かめるために代表者に確認してみると、移動販売日が火、木、金だったのです。

同店は10時から19時まで営業していますが、移動販売の日は、代表者は10時から18時頃まで店舗にいません。代わりにパートが販売を担っています。

移動販売日の売り上げが低いということは、代表者不在時の売り方に何らかの問題があるのかもしれない——この仮説を掘り下げるために、ある取り組みをおこないました。

代表者がいないときに顧客から受けた質問でパートが答えられなかった内容、顧客が納得していないと感じた内容について、メモを残してもらうようお願いしたのです。

後日、集まったメモを見た代表者はひと言。

「これ、私だったら全部答えられたものです」

カンのメンテナンス——自分の当たり前

戸井青果店の創業から7年、代表者は野菜に特化して販売し続けてきました。一般のスーパーでは見ないような野菜でも、顧客の質問にすぐ答えることで商品の魅力が伝わり、販売につながっていました。

店舗をオープンしたあとも、同じように売り上げがついてくると思い込んでいました。7年間やってきた自負もありました。

ところが、その楽観的な思考や自信が盲点を生み出し、自分の当たり前は他人にとっての当たり前ではないという事実が感覚から抜け落ちていました。自分が売り場にいない時間帯があり、その間、パートは自分と同じように説明できるわけではない、つまり**代表者の自分がもつ情報量と、現場のパートがもつ情報量の違い（＝情報の点在［42ページ参照］）を理解できていなかったことが思い込みを生み出していた**のです。

「店頭に誰かいてくれさえすれば、同じように売れると思い込んでいました。でもよく考えると、そんなに簡単に売れるわけはないですよね」

代表者は、売り上げのデータを客観視することで伸び悩みの実態を理解し、自身の思い込みに気づいたのです。

多店舗展開の仕組みを整えなければ、1＋1は2未満になる

客観的に見れば、「そんなことにも気づかないのか」と思うかもしれません。

しかし、実際にはこうしたケースは多いのです。

お店を始めて軌道に乗ってくると、「もう1店舗出せば儲けも倍になるんじゃないか」と思ったりします。

しかし、なかなかうまくいきません。1＋1が2未満になってしまうからです。

原因は、1店舗目は社長の目配りで順調に展開できますが、2店舗目以降は社長の目が届かない部分が出てくるからです。お客様が迷っている、店内が汚れている、ショーケースの商品が少なくなっている、従業員がのんびりおしゃべりしている……など、その場に社長がいれば即、気づいて対処可能です。

しかし、店舗が増えるとそうした細かなフォローが難しくなっていきます。

では何が必要かといえば、右腕人材を育てるなどして**社長がいなくても回る仕組みをつくる**ことです。そうすれば、1＋1を2以上にすることができます。

社長の自分が両店を同時に見ればよいと思う人もいるかもしれませんが、拠点が増えると1店舗に充てる時間が相対的に少なくなり、見えない部分が増えていきます。

隣地に別館を建てたことで、本館のオペレーションが乱れて赤字に転落した飲食店がありました。出店した営業所が軌道に乗らず、社長がその改善に尽力しているうちに、儲かっていた本社の業績が低下した小売業もあります。

物理的に見えない、すぐ目が届かないということは、社長が思っている以上に組織にダメージを与えるリスクがあるのです。

売り場づくりと教育の仕組み化で、代表者不在時の平均売上高が増加

以上の結果を踏まえ、代表者がいなくても対応できる店舗づくりに着手することになりました。

まずは集まったメモを元に、質問が多い項目をＰＯＰで解説するようにしました。

「煮崩れしにくいので肉じゃがにオススメです」

「この商品を使ったレシピがこちらです」

このように、素材・味覚の特徴やおすすめレシピなどを文字とイラスト、写真で解説するようにしました。いずれも当たり前のことですが、見たことがない、どんな味か分からない、どんな料理に使えばいいか分からないといった状態では手が出にくいものです。

顧客に商品を知ってもらったうえで、「買う」「買わない」の判断をしてもらわなければなりません。

メモについては、代表者も記録するようにしました。代表者がパッと答えた内容でも、できる限り残すことでＰＯＰのネタ集めに使えます。

教育の意味も込めて、ＰＯＰなどの掲示物はできる限りパートに作成してもらうことに

図表4−6 ■ 曜日別の平均売上高（改善前・後の比較）

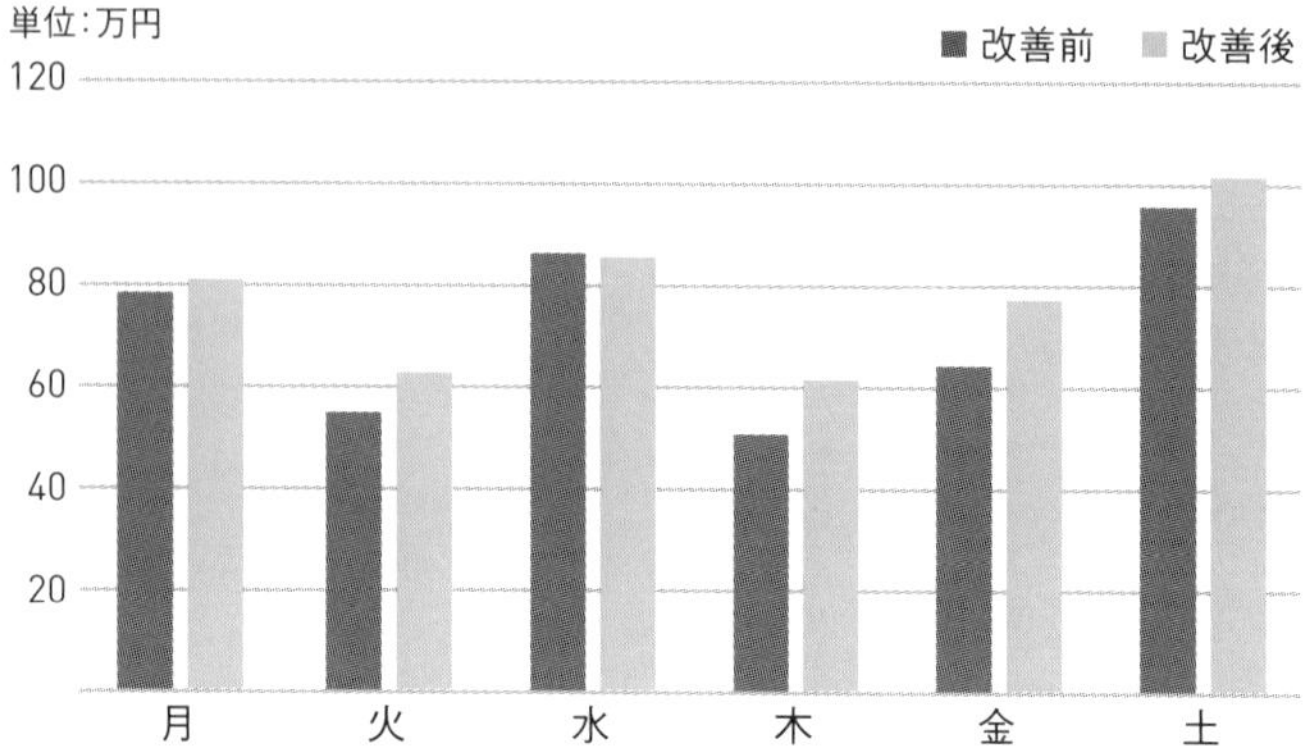

しました。自分で書くことで内容が理解しやすくなるうえ、分からない点を代表者に質問することで疑問の解消や新たな学びにつながります。さらに完成したＰＯＰを代表者がチェックすることで、パートの勘違いにも気づけます。

こうした取り組みにより、代表者がいない曜日でも平均売上高が徐々に増加していきました（図表４−６）。

パートが答えられる質問も増えてくることで、パートのファンが増加したとも感じています。

事例8のまとめ

思い込み ← 見える ← 分かる ← 動ける ← 変わる

思い込み
新規出店すれば、売上高と利益も同じように倍増するはず

見える
「曜日別の売上高状況」を可視化することにより、曜日によって売り上げの傾向が異なる実態が明らかに

分かる
移動販売日＝代表者不在日の売り上げが少ない

動ける
代表者が不在でも、商品の魅力が顧客に伝わる売り場づくりと教育の実施

変わる
代表者不在時の平均売上高が改善するとともにパートの人気も上昇

第 5 章

「直感」と「データ分析」の両輪経営で、中小企業の経営はますます強くなる

分析の試行錯誤を重ねるほど、中小企業の経営は磨かれる

■分析しながら「並べたり」「比べたり」「まとめたり」「分けたり」

第3章と第4章で紹介したようにデータを「並べる」、あるいは「比べる」ことによって経営の実態を浮き彫りにできます。経営者は自社の現状をデータで客観視することで、自らの思い込みを解くことができるのです。

しかしデータ分析をおこなう際、どの数字をどう加工すれば課題を可視化できるのか、最初から完全につかめているわけではありません。ある程度の目算を立てて分析を始めるとはいえ、それ自体すら思い込みの可能性があります。

たいていの場合、データをあの手この手で加工しつつ、分析の方向性を絞り込んでいきます。そうすると、「並べる」と「比べる」だけでは加工手法として足りないケースが生じるのです。

そこで必要となるのが「まとめる」と「分ける」です。ヒアリングや現場の見学を続けながら必要に応じてデータをまとめたり、分けたりといった加工もすることで、何らかの傾向を見つけ出すのです。

そして最終的に「並べる」「比べる」のいずれかの加工で現状を可視化し、課題を明確にします。

■最初は決算書や試算表の分析からスタート

とはいえ、企業分析で必要となる資料やデータがそろっている中小企業はほとんどありません。そのため、最初は最低限、どの企業でも作成している決算書や試算表の分析からスタートすることになります。

参考例として、「売上高の状況を見ていくケース」をご紹介しましょう。

まず決算書で年間の総売上高が分かります。しかし、単年の数字だけではそれが多いのか少ないのか、つまり相対的な評価はできません。

そこで過去3年間の決算書を「並べて」みます。そうすると、上昇あるいは下降の傾向を示しているのか、横ばいの傾向なのかが見えてきます。

■「分ける」ことで原因により深く迫れる

仮に、2年前を起点に売り上げが下降傾向に転じていたとしましょう。つぎに考えるのは、2年前から下がった原因です。

たとえば、2年前などのアバウトなタイミングではなく、〝2年前の10月〟といった具体的な時期を特定する方法があります。ここで「分ける」の登場です。**年単位の売上高を月単位に「分ける」ことで分析しやすくなる**のです。

そのあとは、第3章で紹介した移動年計のような「並べる」、第4章で紹介した年次別に「比べる」といった方法で、より詳しい時期を把握することができます。

売り上げが下降に転じたタイミングなどのように、その時期に起きた事象を調査していくことで、原因に近づける可能性があります。

ただし、コンサルタントとしての本音を言えば、決算書や試算表だけでできる分析は限られます。より深く踏み込むことができるデータがなければ、仮説にもとづいて新たに記録を取りつつ分析を進めていくしかありません。

より深掘りできるデータがあれば、現状分析をさらに追求できます。

たとえば、2年前に売り上げが下降傾向に転じた原因を特定する際、取引先別の売上高データが残っていれば、**全体売上から取引先ごとに「分ける」ことで原因により深く迫れます**。

しかしながら、取引先数が多い場合、一社一社のデータを詳細に分析するのは大変です。その場合は分析対象となる取引先を選別する作業が求められます。そこで活躍するのが「比べる」です。取引先ごとの売上高を比べることで、優先的に分析するかどうかの判断が可能です。

こうして比べた結果、今度は売上高が高い取引先のデータを「並べる」ことで、いわゆる常連の傾向が見えてくるのです。ここまでくると、2年前の売り上げに影響を与える何らかの状況が浮き上がってくるものです。

■「まとめる」ことで大きな傾向を見出せる

取引先の数が比較的少数の場合、個別の上得意先の動きを分析することで、原因を一気に特定できる可能性があります。

一方、たとえば一般消費者向けの小売店など取引先の数が多く、一つひとつの取引先が全体売上に占める割合が小さい場合があります。こうしたケースで使える加工が「まとめる」です。**一定のカテゴリでまとめることで、大きな傾向を見出せる**のです。

たとえば、食品の製造とインターネット販売をしている会社の例です。同社では顧客ごとの売上データを取っていましたが、それだけでは並べても傾向はつかめません。

そこで、「地域」というカテゴリで「まとめて」「比べて」みました。そうすると、地元に加えて東京都からの注文が多いことが分かりました。

あるいは「顧客の属性」というカテゴリで「まとめて」「比べる」方法もあります。一般消費者（性別）なのか、事業者（業種別）なのか。

これを先ほどの「地域」と掛け算することもできます。すると、主要顧客像は「地元の個人事業者」と「東京都の女性客」である、といった傾向が見えてくるようになります。リピート客なのか、一度きりのユーザーなのか、カテゴリで「まとめる」のもおもしろいかもしれません。顧客像が見えてくれば、そのターゲットに向けた対応がしやすくなります。

分析の模擬体験 パン屋の売り上げを伸ばす方法を考えよう！

ここで、データを分析することで「思い込み」を解消し、どのように意思決定していくのか、読者の皆さんに模擬体験をしていただきましょう。

読者の皆さんは、つぎのようなパン屋の経営者になったつもりで考えてみてください。

【パン屋の概要】

Sベーカリーは街のパン屋として長年、地域で親しまれてきました。

図表5-1 ■ 売上高の推移

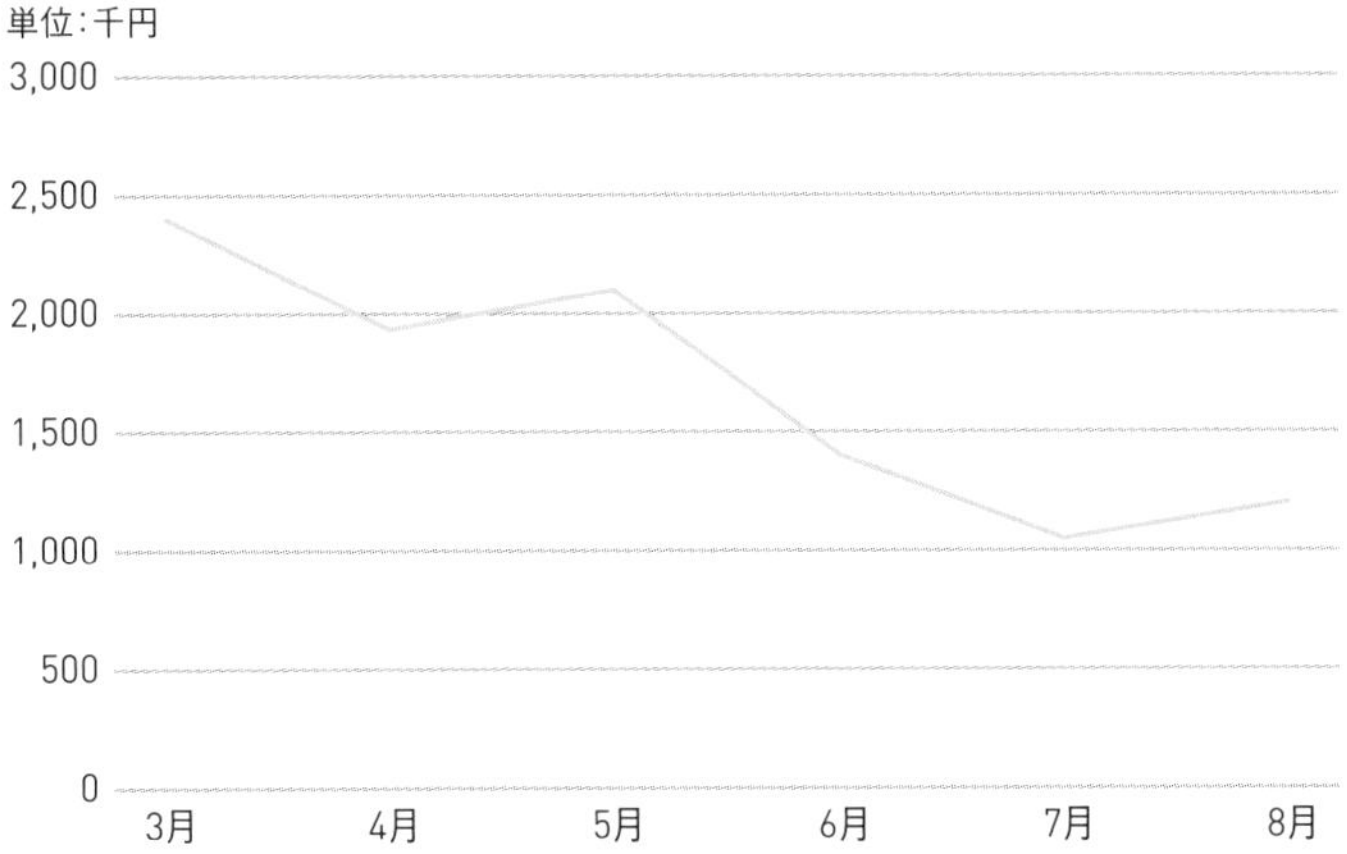

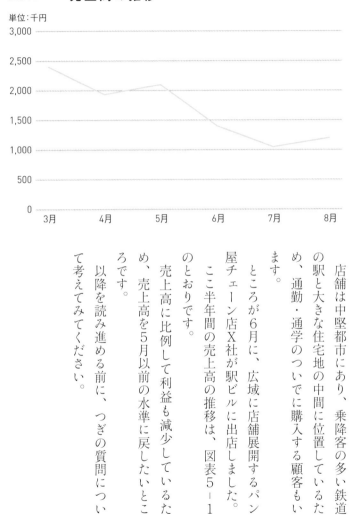

店舗は中堅都市にあり、乗降客の多い鉄道の駅と大きな住宅地の中間に位置しているため、通勤・通学のついでに購入する顧客もいます。

ところが6月に、広域に店舗展開するパン屋チェーン店X社が駅ビルに出店しました。

ここ半年間の売上高の推移は、図表5－1のとおりです。

売上高に比例して利益も減少しているため、売上高を5月以前の水準に戻したいところです。

以降を読み進める前に、つぎの質問について考えてみてください。

売り上げを伸ばすために何をしますか？

お断りしておきますが、この問題には正解があるわけではありません。

私が講師を務める研修（起業希望者や経営者、従業員対象）で実際に使っている問題です。研修でこの問題に取り組んだ皆さんからは、じつにさまざまな回答をいただきます。

この段階でのよくある答えの方向性は、大きく２つに分かれます。

１つは具体的な対策（チェーン店への対抗策など）を考える方向性、そしてもう１つはこれだけでは分からないのでもっと情報が必要だと考える方向性です。

細かい統計を取ったわけではありませんが、２００人ほど見た限りでは、３人に２人が具体策派、１人が情報必要派という印象です。

ただ、グループディスカッションをおこなうと、具体策派の人も「たしかに分からないことが多い」と情報必要派に転じるケースがほとんどです。

そこで、つぎの段階として新しい情報を提示します。

■従業員のコメントから何を考える？

それは従業員が商品について感じているコメントです。

【従業員のコメント】

食パン：主婦層と思われる方が定期的に買っていく。
あんパン：以前はよく売れていたが、4月頃から残るようになった気がする。
クリームパン：以前はよく売れていたが、夏頃から残るようになった。
カレーパン：学生を中心によく売れている。
チョココロネ：社長の知人からおいしいチョコレートを仕入れることができるため、つくってみた。学生がちょくちょく買っていく。
スペシャルパン：地元素材にこだわった社長おすすめの一品で、当店の看板商品。
クッキー：社長の奥様が趣味でつくっている。あまり売れていない。
ザッハトルテ：社長の奥様が趣味でつくっている。あまり売れていない。
コーヒー豆：社長がコーヒー好きで置いている。ほとんど売れていないのではないか。

これらの従業員コメントを参考に、あなたが社長として打つ手を考えてください。

考えがまとまったら、このまま読み進めてください。

研修では、この段階でほとんどの方が具体策派に転じます。グループディスカッションでも具体的な話が多く出てきます。

「この商品を伸ばしていくべきではないか」

「こういうお客様層にこんなアピールが必要ではないか」

「この商品はダメだから廃番にしよう」

「こんなサービスを展開したらいいんじゃないか」

そんな会話が中心になります。

ただ、本書をここまで読んでくださった方は、「もっと情報が必要だ」と感じていただけた方が多いのではないでしょうか。

先ほどの追加情報はあくまでも従業員のコメントです。これまでお伝えしてきたように、現場には「思い込み」が生じている可能性があります。１００％鵜呑みにして対策をとるのはリスクです。何らかの裏づけがほしいところです。

主要商品の売上高推移から何を考える？

図表5-2 ■ 主要商品の売上高推移

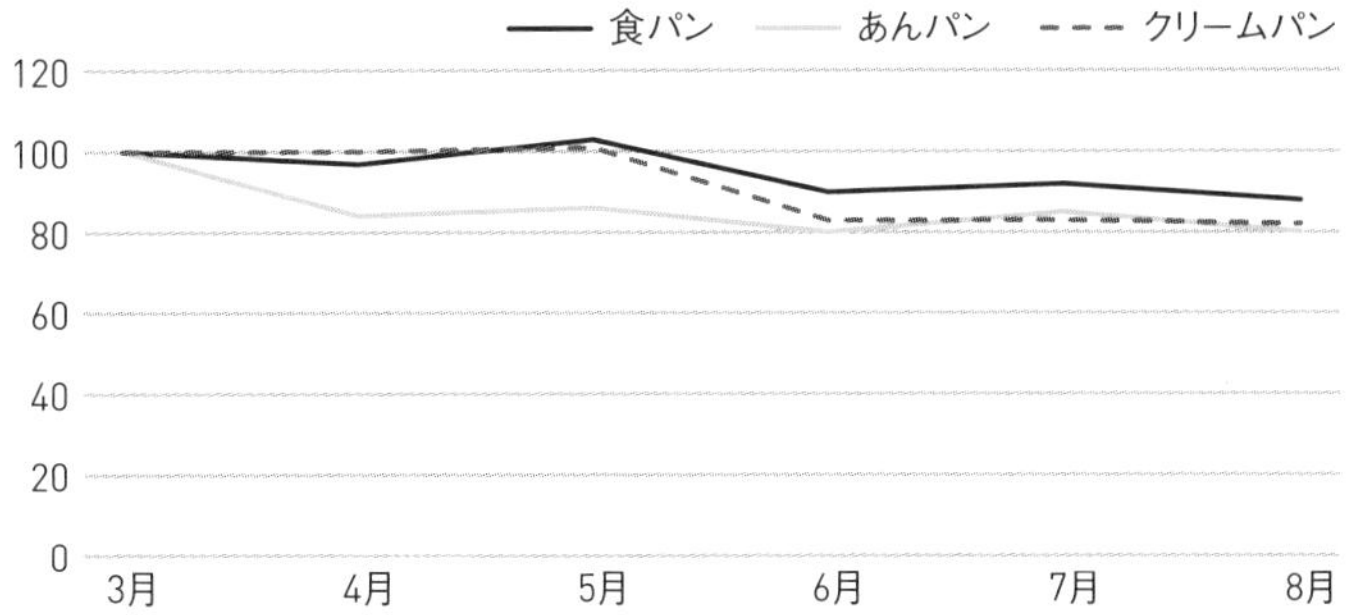

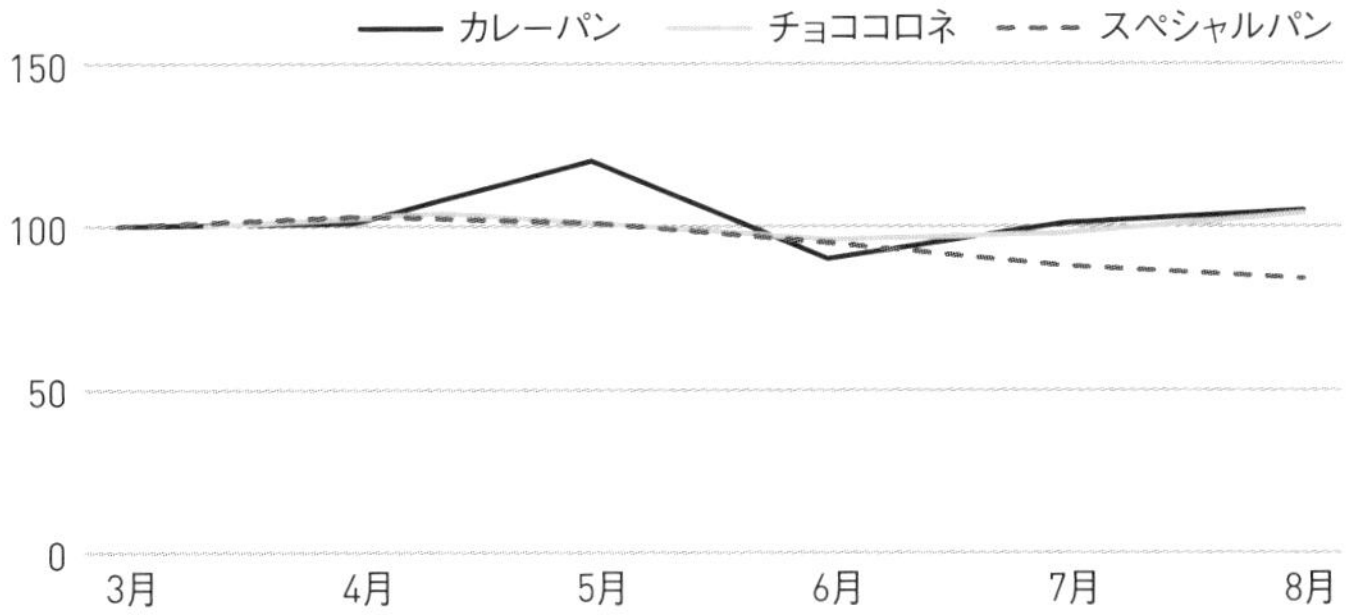

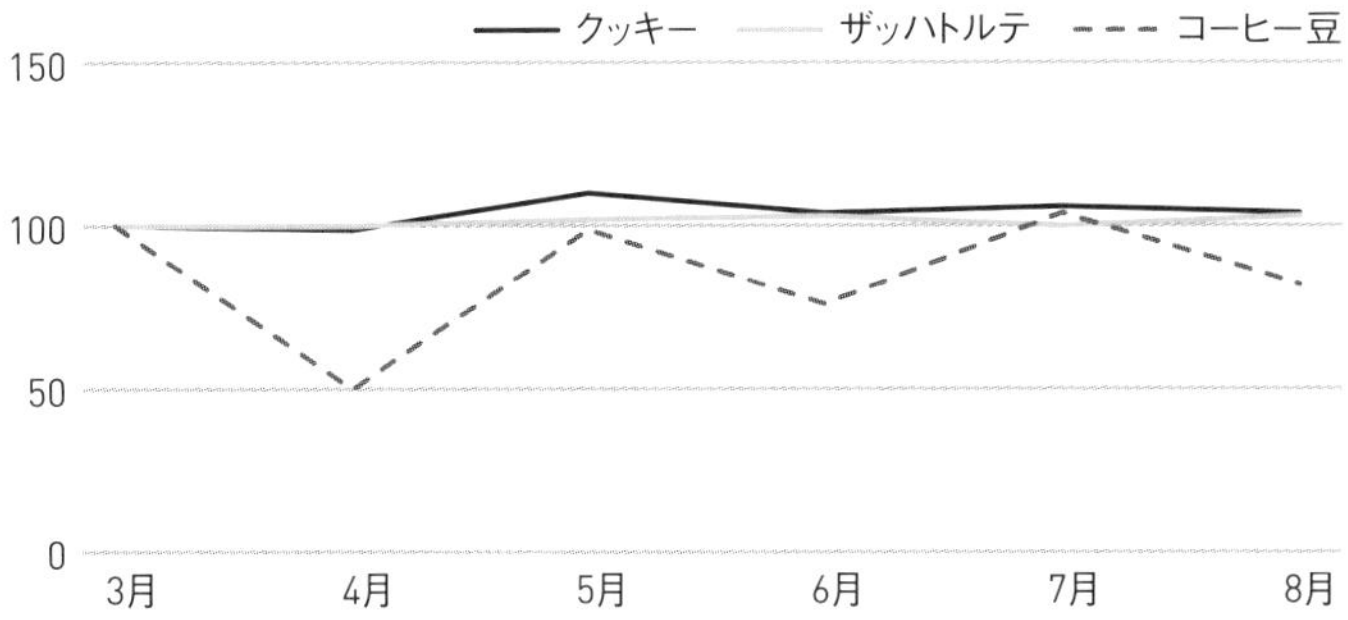

ここで、先ほどコメントにあがった主要商品の売上高推移をご用意します（図表５－２）。３月の売上高を１００％として、各月の売上高が３月比で何％かを表しています。実際には、ここに季節変動（売れる時期・売れない時期）などを加味する必要がありますが、今回の模擬体験では考えやすくするために省いています。つまりグラフの上下がその商品の傾向をそのまま表していると思ってください。

この図表５－２を見ると、研修受講生の皆さんは従業員のコメントと照らし合わせてつぎのような意見を出されます。

「この商品は従業員が言うほど売れていないじゃないか」

「むしろ下がっていますね」

「別のこの商品のほうがむしろ売り上げが伸びてきているぞ」

「何でコーヒー豆の売り上げは上下動が激しいんだろう」

■顧客へのヒアリングやアンケートから何を考える？

売上高のデータを見た際の疑問を解消するため、顧客にヒアリングやアンケートをおこないました。

【顧客のコメントで多かった内容】


「3月に駅前でリニューアルオープンしたスーパーのあんパンのほうがおいしい」

「食パンはついで買いすることが多い。それだけを目的に買うことは少ない」

「パン屋Xのクリームパンがおいしいから、そちらで買っている」

「Sベーカリーのカレーパンはおいしいが、サイズが小さい」

「Sベーカリーのチョコレートはとてもおいしい」

「友だちに勧められてクッキーを買いに来たけれど見あたらなかった」

「コーヒー豆がおいしいので定期的に購入している」

「パン屋Xの地元食材を使ったパンは、味も大きさも値段もお手頃でいい」

「Sベーカリーは売り切れが多いイメージがある」

これらの情報を踏まえて最後の質問をします。


売り上げを伸ばすために何をしますか?

■ **仮説→調査・確認→結果を分析→原因絞り込み**

かなり簡略化していますが、この模擬体験の一連のプロセスと、実際の企業支援の流れは似通っています。

企業支援の依頼を受けた段階が、最初の【パン屋の概要】です。

その後、社長や従業員にヒアリングをおこない、【従業員のコメント】に進みます。

それだけの情報では「思い込み」が入り込んでいる可能性があるので、【主要商品の売上高推移】を確認します。

そうすると、現場の意見と数字の実態が合わない部分（＝思い込み）が見つかるので、調査をおこなった段階が【顧客のコメントで多かった内容】です。

この模擬体験の感想を聞くと、ほとんどの受講生が「最初に考えていたことと、最終的に導き出した結論が違った」とおっしゃいます。

なかには、「商品の単価も見ないと判断できない」「顧客層別の来店数や客単価も知りたい」「ライバル店（パン屋Xやスーパー）も見に行かないと」「曜日別の動向はどうなっているのか」というような追加の情報を求める人も少なくありません。

このように、**ある情報をもとに仮説を立て、それが事実かどうか調査・確認し、出てきた結果をもとに再度分析し、原因を突き止めていく**――実態を正しく把握し、思い込みを解くためには、そんな試行錯誤が大事です。

分析をサポートする7大手法

では分析の試行錯誤をするために、手持ちの資料やデータをどう加工すればよいのか。

ここからは、私がよく使う手法を7つ紹介します。「並べる」「比べる」「まとめる」「分ける」のどの切り口に該当する手法なのかもあわせて参考にしていただければと思います。

❶ 移動年計（＝並べる）
❷ 季節変動（＝比べる）
❸ 部門別分析（＝比べる、分ける）
❹ ＡＢＣ分析（＝比べる、まとめる、分ける）
❺ 購買履歴分析（＝並べる、分ける）
❻ 作業分析（＝比べる、分ける）
❼ 総勘定元帳チェック（＝分ける）

なかには、すでにお伝えした内容とかぶっている手法もありますが、まとめとして参考にしてください。

❶ 移動年計（＝並べる）

季節変動などに左右されず、中長期的な傾向を把握するために使う手法です。詳細は第3章の事例①（103ページ参照）で解説しているので参考にしてください。

移動年計によって数値の傾向やターニングポイントが把握できます。そのため分析の方向性がまだ絞り込めていない場合、さまざまなデータをもとに移動年計のグラフを作成してみることがよくあります。

理由は、つくりやすさと分かりやすさの2点です。

全社の売上高や商品ごとの売り上げといった月別のデータがあれば、あとは足し算だけなので難しくありません。グラフの見方も伸びているか、横ばいか、落ちているかのいずれかなので判断しやすいです。ターニングポイントが分かりやすい点も特徴で、データを並べることで大まかな傾向がひと目で把握できるのがメリットです。

言葉だけでは説明しづらいので、実際のグラフを見ながら解説しましょう（図表5－3）。

図表5-3 ■ **移動年計（商品別の売上高推移）**

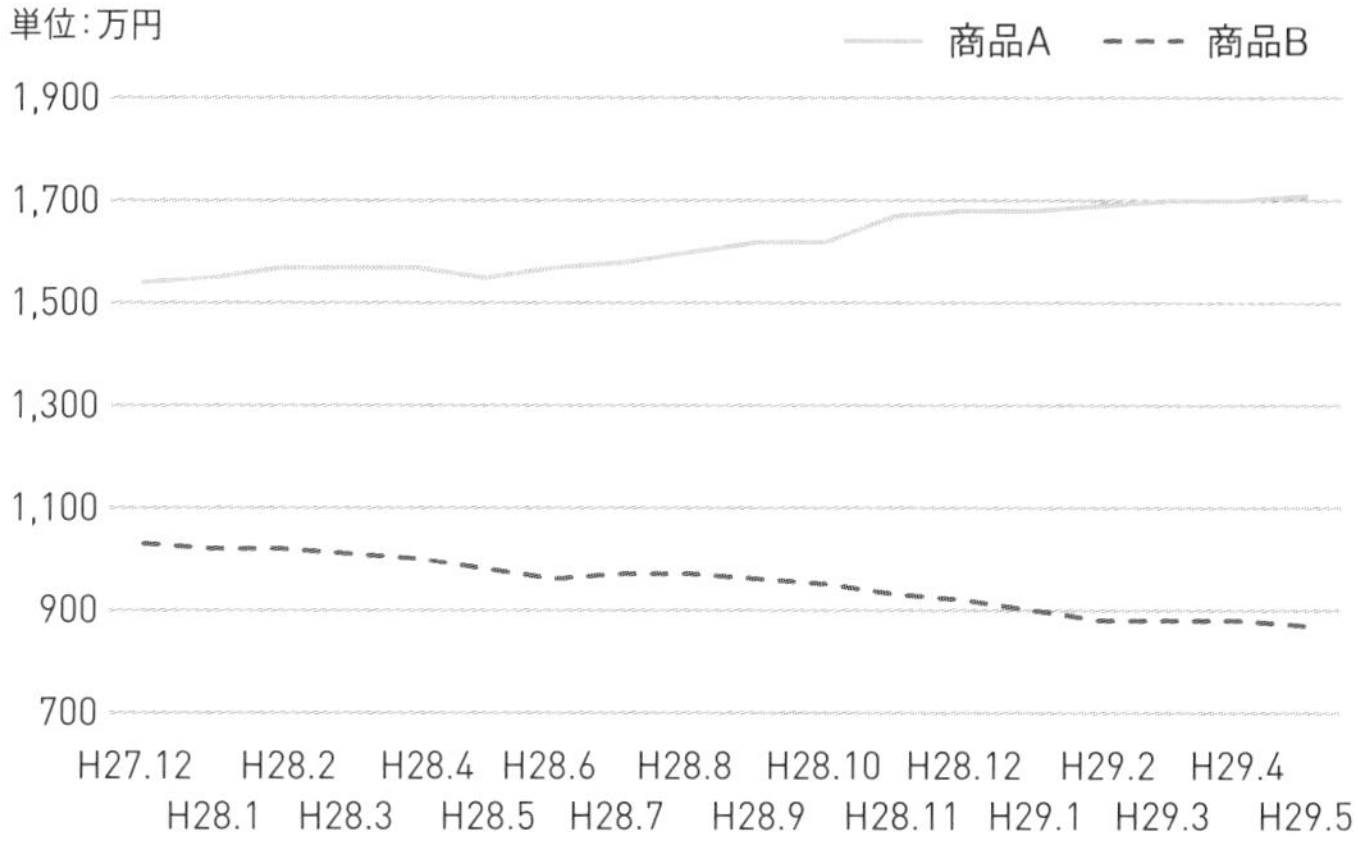

このグラフは商品別の売上高推移を示しているとイメージしてください。

見方としては、まず全体の傾向を把握したうえで、個別の項目の推移を確認します。

たとえば、また別に作成した売上高全体の移動年計と、個別項目（商品別、店舗別、客層別など）の移動年計の推移を見比べるようにします。売上高全体と同じような動きをしている個別項目は、全体売上に影響を与えている要因と考えられます。

一方、**全体売上と異なる動きをしている個別項目については、何らかのヒントが隠されている可能性**があります。

たとえば支援先の小売業者の実例として、全社売上は低下しているのに、ある店舗の売り上げだけが増加傾向にありました。調べてみると、その店舗のスタッフが自主的にＰＯＰや展示の仕方を工夫していたのです。その販促方法を他店でも参考にすることで、全社売上を回復させることができました。

❷ 季節変動（＝比べる）

第４章の事例⑦（１９３ページ参照）でご紹介した季節変動を見るための方法です。**月別の売上高を複数年で比べることで、年間を通じた繁閑の様子が把握できます**（図表５－４）。

収集しやすいので売上高のデータを使うケースが多いのですが、売り上げがどのタイミングで計上されるかという問題があるため、参考程度にしたほうがいいでしょう。従業員の総労働時間や設備の稼働時間など、実際のビジネス活動の動きと直接連動するデータがある場合には、そちらを活用したほうがより正確です。

季節変動グラフで把握した繁閑の状況から、年間を通してどのような作戦を組んでいくのかを考えるのに活用したりします。

また一般には、売れる時期に販売攻勢を仕掛けたほうがより売れやすくなる一方、売れない時期はがんばっても大きな効果は期待できません。したがって販売施策を立てる際には、どの時期に準備し、どの時期に実行するのが得策か判断する目的で季節変動を参考に

図表5-4 ■ 季節変動（月別の売上高比較）

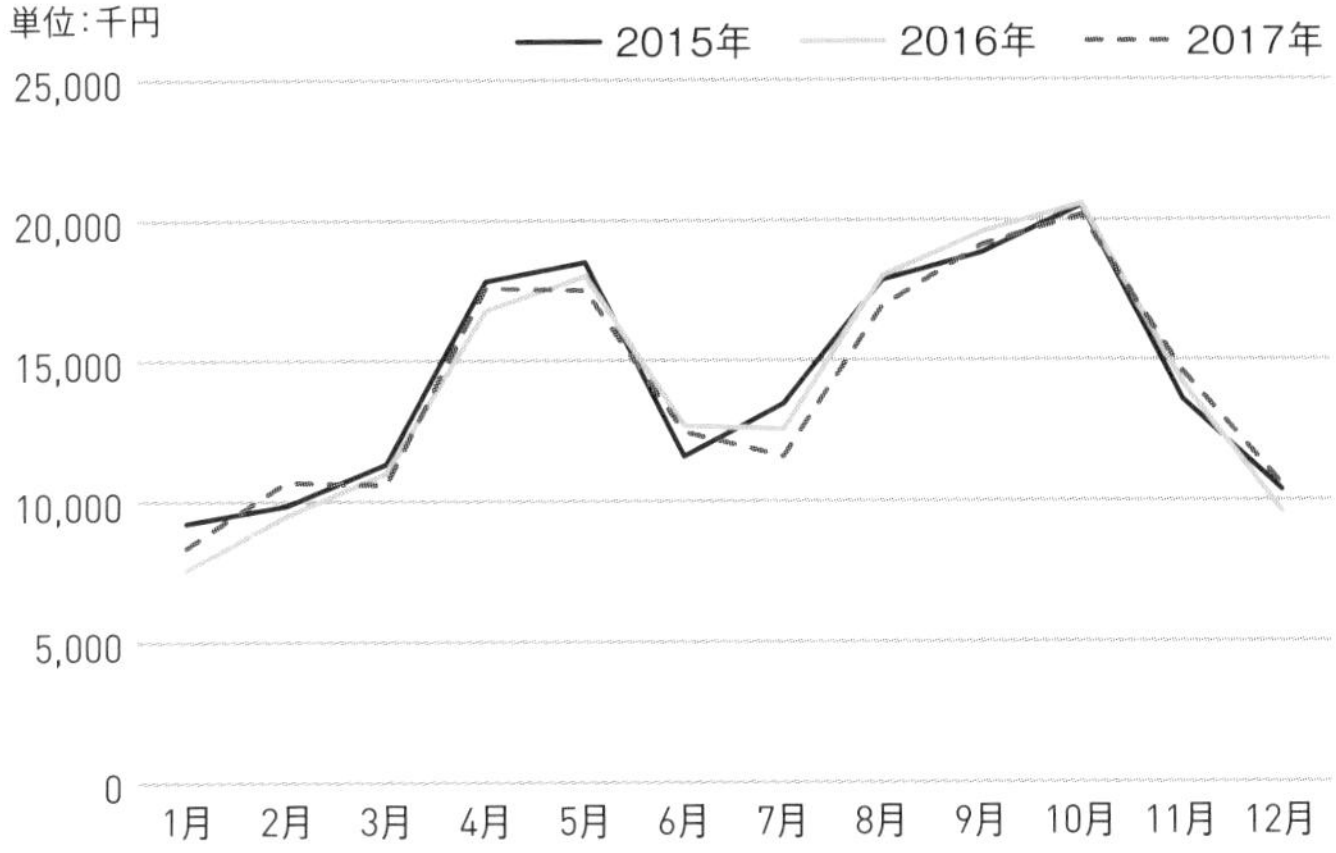

することが多いです。

ちなみに、季節変動の考え方を応用して、月内変動や曜日変動を把握することも可能です（図表5－5）。第4章の事例⑧（209ページ参照）では曜日別の平均売上高を比べているので参考にしてください。

曜日ごとの増減を見ながら、どのような原因でこの曜日は多いのか、あるいは少ないのかと原因を考え、それを改善可能か検討を重ねていくのです。

ある店舗では、休日を増やす際に3年間の曜日別売上高と来店客数を調べて、もっとも売上高と客数が少ない日を休日にしました。

③ 部門別分析（＝比べる、分ける）

複数の異なる性質の事業や製品を持ってい

図表5-5 ■ 曜日変動（曜日別の売上高比較）

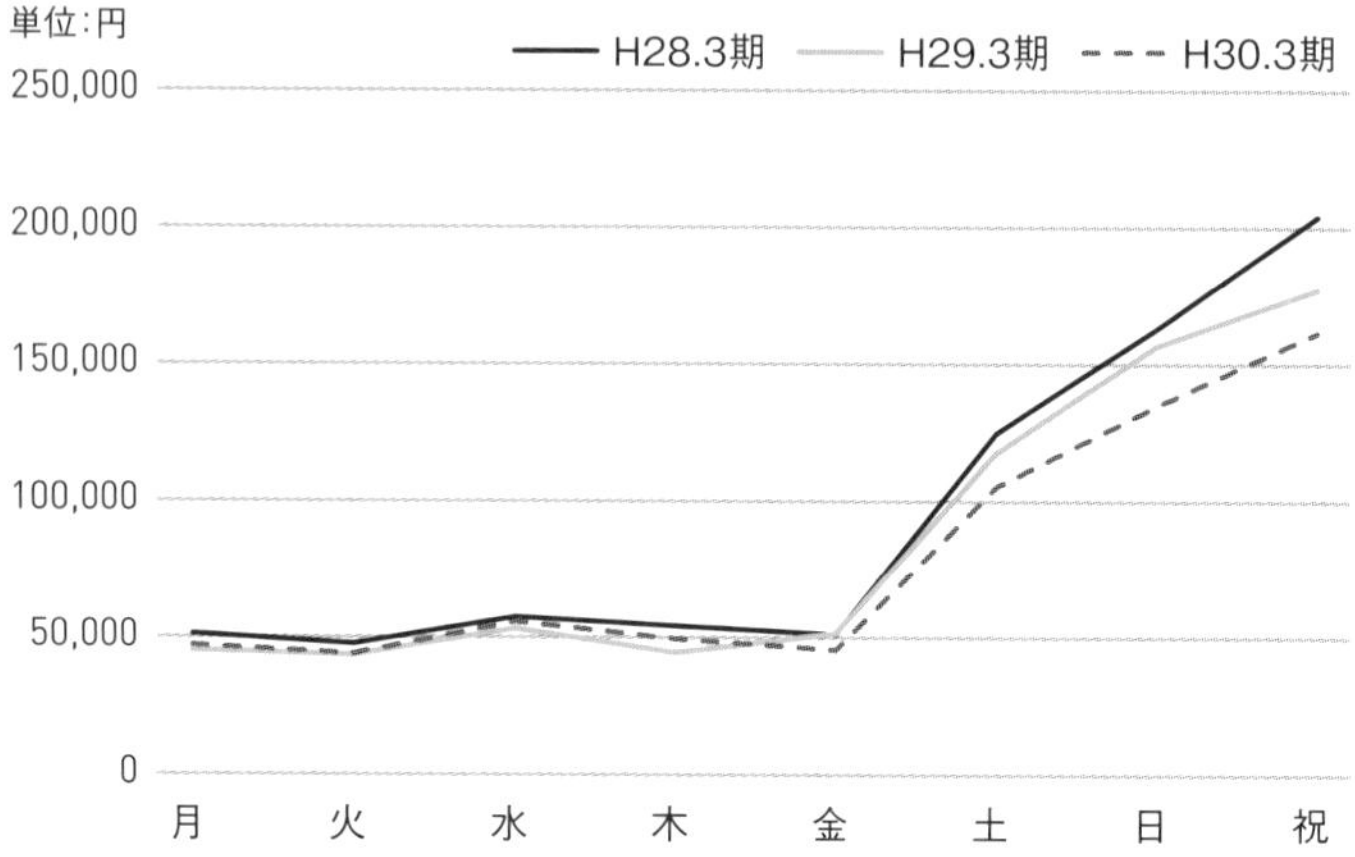

る場合には、全社的なデータで見ても個々の判断ができません。そのような場合は**事業や製品別に分けた部門別収支を把握する必要**があります。

たとえば、居酒屋と雑貨店を経営している会社の場合、飲食店と雑貨店でビジネスモデルや収益構造は違います。この２つの事業をまとめた損益計算書を見ていても、どちらの事業が儲かっているのか判断できません。

例をあげましょう。

全社的に見れば売上高１０００、営業利益50の会社です（図表５－６）。これを部門別に分けて比べたのが矢印の左側です。

売り上げはA部門が全体の５割、B部門が３割、C部門が２割という状態です。

本社経費というのは、全部門に幅広く関わ

図表5-6 ■ 部門別収支の例

	A部門	B部門	C部門	本社経費	合計
売上高	500	300	200		1,000
売上原価	240	100	60		400
売上総利益	260	200	140	0	600
販管費	150	220	80	100	550
営業利益	110	−20	60	−100	50

	合計
売上高	1,000
売上原価	400
売上総利益	600
販管費	550
営業利益	50

る経費です。たとえば本社総務の人件費はA・B・Cのすべての部門に関係する費用なのでいったん本社経費とします。

こうして見ていくと、まずB部門の営業赤字が気になります。何らかのテコ入れが必要か、場合によっては撤退の検討も必要でしょう。

しかし、ここで注意したいのが「固定費の存在」です。

各部門の変動費と固定費を分解したところ、図表5－7になりました。B部門には220の固定費が存在するのが分かります。営業赤字を理由に撤退しても、この固定費がゼロになるわけではありません。

固定費をカットする方法（たとえば設備機械を売却したり、工場の建屋や事務所を手放したり、人材を解雇したりなど）はもちろんありますが、B部門から撤退した瞬間に同時になくなる費用ではありません。

そうなると、この固定費220をA部門とC部門でカバーしないといけなくなります。A部門とC部門の営業利益の合

図表5-7 ■ 部門別の変動費と固定費

	A部門	B部門	C部門	本社経費	合計
売上高	500	300	200		1,000
変動費	180	100	40		320
限界利益	320	200	160	0	680
固定費	210	220	100	100	630
営業利益	110	−20	60	−100	50

↓

	A部門	B部門	C部門	本社経費	合計
売上高	500		200		700
変動費	180		40		220
限界利益	320	0	160	0	480
固定費	210	220	100	100	630
営業利益	110	−220	60	−100	−150

計は170です。これで本社経費とB部門の固定費を賄わなければならないので、営業赤字に転落します。

■正確さと手間のバランス

部門別収支は重要な分析項目です。しかし普段から部門別に分けて会計管理をしておかなければ分析するのが大変です。

また、この費用はどの部門に紐づけるべきかといった問題も発生します。たとえば、ある特定の仕事だけをおこなっている従業員の人件費は判断しやすいですが、少数精鋭の中小企業にはマルチプレーヤーとして部門の域を超えた複数の仕事に関わる従業員がいるものです。そうした従業員の人件費をどの部門でカウントするか、悩ましいところです。

部門別収支に限らず、**中小企業における分析のポイントは、正確さと手間のバランス**です。先ほどの従業員の例であれば、各作業に日々、何時間費やしているのかを記録すれば、把握は可能です。しかし、そこまでの手間をかける余力は中小企業にありません。たしかに、データ収集やその分析のために管理部門が夜遅くまで残業する中小企業があります。しかし収益を出すための分析資料をつくるために、わざわざコストをかけて収益を減らすのは本末転倒です。

費用配分のためのデータ収集について、たとえばつぎのような方法が考えられます。

・日々、各作業に何時間費やしているのかを記録する
・日々の作業時間の割合を本人に申告してもらう
・毎週の作業時間の割合を本人に申告してもらう
・毎月の作業時間の割合を本人に申告してもらう
・経験則から従業員ごとの部門別按分（Aが5割、Bが3割、Cが2割など）を定めておく
・毎月の部門別の売上高で按分する

どのレベルを採用するかですが、目安としては**現状にひと手間プラスする程度で対応できる範囲が現実的**です。この精度についての話は、本章の最後の項目でも解説します。

④ ABC分析（＝比べる、まとめる、分ける）

経営資源が限られた中小企業が新たな対策をおこなう際、考えられるすべてを実施する余裕はありません。何に重点を置き、優先して取り組むのかを明らかにする必要があります。

その際に役立つのが「ABC分析」です。ABC分析とは**企業戦略やマーケティング戦略を考える際に使われるデータ分析手法**で、商品などの指標の中から重視する評価軸を決め、優先順位を設けて施策を実行するために用います。

このABC分析は、もともとは在庫管理の方法として考案されました。在庫品目をA・B・C（A：重要管理、B：中程度管理、C：一般管理）の3つのグループに分けます。このグループごとに保管方法や在庫水準、補充方式などを変えることで適切な在庫管理をおこなう手法として使われてきたのです。

私はこの手法を応用し、つぎの2つを把握するために使用することが多いです。

図表5-8 ■ ABC分析（メニュー分析の例）

順位	商品名	売上高（円）	構成比	累積構成比	
1	ワッフル	83,000	27.3%	27.3%	Aランク
2	シュークリーム	73,000	24.0%	51.3%	Aランク
3	チーズケーキ	54,000	17.8%	69.1%	Aランク
4	ザッハトルテ	25,000	8.2%	77.3%	Bランク
5	アイスクリーム	22,000	7.2%	84.5%	Bランク
6	アイスコーヒー	18,000	5.9%	90.4%	Cランク
7	シュトレン	11,000	3.6%	94.0%	Cランク
8	モンブラン	9,500	3.1%	97.1%	Cランク
9	アイスティー	5,300	1.8%	98.9%	Cランク
10	コーラ	3,200	1.1%	100.0%	Cランク
	合計	304,000			

・重点グループの把握
・特定項目に対する集中度の確認

まず「重点グループの把握」は、もともとの在庫管理と同じです。

図表5－8のメニュー分析を例に見てみましょう。

累積構成比が70％までのメニューをまとめたのがAランク、90％までがBランク、以下をCランクとします。

Aランク商品は売れ筋商品であり、プロモーションや材料の仕入れといった重点管理をおこないます。

Cランク商品は不人気のため入れ替えを検討します。

比較対象の集計項目としては、売上高の他

に利益額や数量などが考えられます。

このＡＢＣ分析には弱点もあります。

まずメニュー間の関連性は考慮されていません。たとえば、チーズケーキとアイスティーがセットでよく注文されている場合、アイスティーがなくなるとチーズケーキの売り上げが鈍るようなケースがあります。

その他、季節性や一過性の項目にも注意が必要です。

季節によって売り上げが大きく変動するもの（たとえばアイスクリームなど）は集計の期間など考慮します。あるいはメディアで取り上げられて一時的に売り上げが拡大したような場合、他と同一に分析すると判断を誤る可能性があります。

ついで、「特定項目に対する集中度の確認」について解説します。

この分析は、おもにリスクを把握する際に活用します。

顧客分析を例に見てみましょう（図表５－９）。

この図表の会社は１００件の顧客を抱えています。このうち売上高が大きい上位10％の10名をまとめてＡランク客とします。つぎの20％の11位～30位を合わせてＢランク。残り31位以下をＣランクと計３つのランクに分類します。

図表5-9 ■ ABC分析（顧客分析の例）

順位	顧客名	売上高（千円）	構成比	累積構成比	
1	細川	240,000	24.0%	24.0%	Aランク
2	斯波	164,000	16.4%	40.4%	
3	畠山	131,000	13.1%	53.5%	
4	高	63,000	6.3%	59.8%	
5	仁木	52,500	5.3%	65.1%	
6	赤松	36,000	3.6%	68.7%	
7	一色	35,000	3.5%	72.2%	
8	京極	24,000	2.4%	74.6%	
9	山名	21,000	2.1%	76.7%	
10	上杉	18,500	1.8%	78.5%	
~		（省略）			
100	土岐	200	0.0%	100.0%	
	合計	1,000,000			

上位	売上高（千円）	構成比	累積構成比	
0～10	785,000	78.5%	78.5%	Aランク
11～20	68,000	6.8%	85.3%	Bランク
21～30	32,000	3.2%	88.5%	
31～	115000	11.5%	100.0%	Cランク
合計	1,000,000			

Aランク客が重要であることは同じですが、ここでは「依存度」（特定項目に対する集中度のこと）を見ていきます。

Aランク、Bランクの各累積売上構成を比べて見てください。

Aランク10人のお客様で78・5％の売上高を占めています。

この10人が何らかの理由で同社を離れ

たら売り上げの約8割を失うわけです。非常に危険です。

そのためAランク客以外のお客様を育成していく必要があります。

経験則ですが、**上位10％で5割、上位11〜30％で3割の売上高を確保できると経営が安定していると判断**します。

これは製品でも同じです。特定の製品に売り上げの8割も依存していれば、その製品が衰退したときのダメージは計り知れません。

反対に、上位10％を合わせても2割や3割の場合、主力とよべる商品がないことを意味します。

⑤ 購買履歴分析（＝並べる、分ける）

文字どおり、**購買履歴を並べて傾向を調べるための分析方法**です。ABC分析で重点顧客を絞ったあとによくおこなう手法です。

特段、難しい手法ではなく、たとえば特定の顧客について分析する場合、その顧客が何をいつ購入したのかを時系列に並べるだけです（図表5－10）。

このように、**顧客ごとに分けて購買履歴を並べてチェックすることで今後の予測が立てられます**。たとえば、鈴木さんが前回3月に購入しているからそろそろ注文があるなと

図表5-10 ■ 購買履歴分析（特定顧客の分析例）

	商品	個数	金額		商品	個数	金額		商品	個数	金額
H27.1				H28.1	商品B	50	3,000	H29.1			
H27.2	商品B	50	3,000	H28.2				H29.2	商品B	50	3,000
H27.3				H28.3				H29.3			
H27.4	商品A	1,000	100,000	H28.4	商品A	1,200	120,000	H29.4			
H27.5				H28.5				H29.5			
H27.6				H28.6							
H27.7				H28.7							
H27.8	商品B	50	3,000	H28.8	商品B	50	3,000				
H27.9				H28.9							
H27.10	商品C	100	30,000	H28.10	商品C	120	36,000				
H27.11				H28.11							
H27.12				H28.12							

か、前田さんは毎年８月に注文をくれるからそろそろ声かけをしておこう、といった具合です。これは非常に重要です。

第３章の事例④（１４８ページ参照）でもお伝えしたように、新規顧客の獲得につい目がいきがちですが、既存の顧客をしっかりフォローすることが重要です。

事例④の冒頭でお伝えした印刷会社の例（１４９ページ参照）は、顧客の状況を把握していれば防げた失注でした。

ある自動車販売店は３年分の購買履歴分析をおこなった結果、既存顧客からの注文が思ったより取れていないことに気づき、既存顧客へのアプローチを計画的におこなうようにしました。

ある事業所向けサービス業の営業担当者

図表5−11 ■ 購買履歴分析（顧客別の分析例）

単位：ℓ

顧客名	12月			1月			2月		
	H29	H30	H31	H29	H30	H31	H29	H30	H31
上杉建設（株）	270	295	300	420	450	390	800	520	860
秋山	90					80	110		120
石原	100	110	95	110		100	70	90	60
大久保	240			220			220		
小田山工業（有）	170	80	40	160	40	100	80	60	120
川村電機	120	100	130	40	60	70	60		70
木村	70	40	100	20	50	90	50	90	110
合計	1060	625	665	970	600	830	1390	760	1,340

は、担当先がいつどのタイミングで何を発注したのかという履歴を表にして持ち歩いており、タイミングよく、かつもれもなく訪問できるよう工夫をされています。

また、期間に焦点をあてる考え方もあります。顧客の購買履歴の変形系です。

たとえば、豪雪地域に位置し、灯油がよく売れる地方のガソリンスタンドでは、冬場には毎年灯油作戦と称して顧客獲得を強化しています。

図表5−11のように得意先ごとの購入状況を並べて把握し、購入がない先にアプローチすることで獲得もれを防いでいます。

⑥ 作業分析（＝比べる、分ける）

図表5−12 ■ 作業分析（各工程の不良件数）

工程	件数	割合
そり	1,732.0	10.4%
生地	814.0	4.9%
塗り	2,758.0	16.6%
先乾	915.0	5.5%
盛り加工	2,430.0	14.6%
印刷	254.0	1.5%
回転P	752.0	4.5%
ざら巻き	311.0	1.9%
頭	6,659.0	40.1%
合計	16,625.0	100.0%

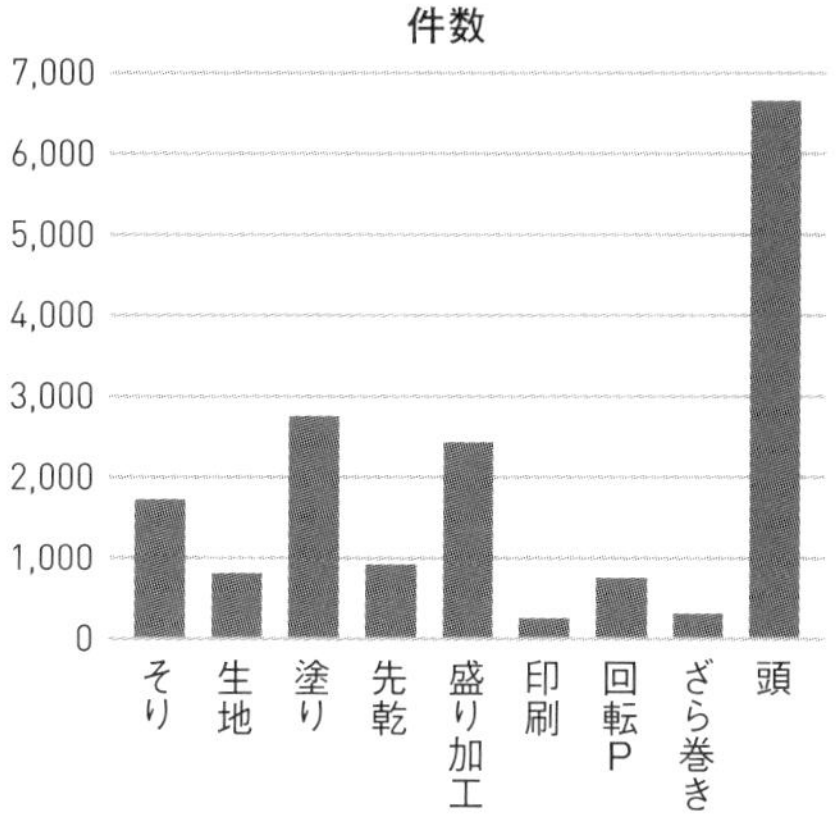

ひとつの仕事をする際には、いくつかの作業が発生します。何か課題や問題を解決するときには、ひとつの仕事単位で判断するのではなく、**作業工程に分解して各工程の状況を知ることでどこに原因があるのか特定しやすくなります。**

例として、ある製品について、各工程での不良件数を比べてみました（図表5−12）。

こうして作業を分解して比較することで、どの工程で不良が多く発生しているのかが把握できるため、改善策の優先順位を付けて実行することが可能になります。

この他にも、営業のプロセスを分解して営業担当者ごとの対応の良し悪しを比較することもあります。

たとえば、斎藤さんという営業担当者は、

アポイントの獲得率は高いが、提案段階になるとどうも成約率が低い。逆に鈴木さんはアポイントの獲得率は低いものの、提案までこぎつけることができれば成約率が高い——というような担当者ごとの特徴が見えてくることもあります。

特徴が見えてくれば、指導方法を個別に工夫できますし、斎藤さんのアポイントの取り方を学ぶ、鈴木さんの提案方法を学ぶというような、各メンバーがもつ強みをシェアする余地も生まれてきます。

⑦ 総勘定元帳チェック（＝分ける）

分析というほどではありませんが、コスト削減の際に確認する資料として「総勘定元帳」があります。

第2章でも少し取り上げたように、**総勘定元帳とは貸借対照表と損益計算書の中身が記載された帳簿**です。簿記の処理が日々おこなわれ、その結果が集計された資料として、まず貸借対照表と損益計算書ができあがります。これらの資料の元になる帳簿（勘定科目ごとに分けてそれぞれの取引の集計を記録した資料）が総勘定元帳です。

たとえば、損益計算書に接待交際費が１００万円計上されているとします。その交際費について、5月10日に山田商事の担当者と飲食店Aに行って1万円使ったとか、7月2日に取引先Xに5000円の贈答品を送ったとか、いつ何にいくら使ったのかが詳細に載っています。

損益計算書の金額だけを見て「この費用を減らしましょう」と言っても、それが削減可能なコストかどうか見分けがつきません。そのコストの使途を詳細に確認し、本当に必要であったのかを検討することで削減すべきかどうかの判断が可能になります。

コスト削減のプロセスでは、まず**損益計算書で割合の多い費用や社長のイメージに合わない費用（思っているより多い）をピックアップ**します。その後、勘定科目ごとに分けられた**総勘定元帳で中身を見ていく**流れです。

各取引内容を確認していくと、「この費用は何だったかな」とか「そういえばこんなのもあったな」という項目が出てきます。

そうした費用は定期的かつ少額（数千円～数万円）のものが多いです。しかし金額が小さいからと侮ってはいけません。むしろこうした小さな費用がくせ者なのです。少額ですが定期的に発生するため、年間に換算するとそれなりの費用になります。月1万円でも1年で12万円です。これは12万円の利益と同じ価値なので、たとえば経常利益率が5％の会社であれば240万円の売り上げに匹敵します。

加えて少額なので、社長の認識に残りにくく、使ってもいないのに長年契約を続けていたというケースが発生します。

使われていない固定電話の料金、節税対策で先代が加入していた保険、活用していない広告媒体への掲載料……あるいは最近の契約形態として多いサブスクリプション（一定期間の利用権として料金を支払うモデル）にも注意しましょう。

総勘定元帳を一度もチェックしたことがない企業には、認識していない無駄が数多く潜んでいる可能性があります。

カラダの健康診断をするように、カンのメンテナンスも定期的に

いくつかの手法をお伝えしてきましたが、もちろんこれらが分析方法のすべてではなく、また正解でもありません。興味があれば「財務分析」や「管理会計」に関する書籍を読まれたり、関連のセミナーを受講されたりすることで、さまざまな分析方法を学ぶことができるでしょう。

ただし、手段が目的にならないよう気をつけてください。分析をおこなうことが目的ではありません。経営感覚をメンテナンスするのが目的であり、そのための手段として分析ツールをうまく活用することです。

自らの感覚と経営の実態にズレはないか——**カラダの健康診断をするように、〝カンの精度チェック〟を定期的におこなうのが肝要**です。そのための方法として、必要に応じて分析ツールを使いこなすよう意識してください。

いきなりコストをかけてデータを詳細に準備したり、きれいな資料をつくったりするのが目的ではありません。

その分析や対策を実行してみて、自社には合わないと思ったらやめる。手間がかかりすぎるのであれば、できることから段階的に進めてみる。不満があれば改良してみる。最初は素直に取り組んでみることをお勧めしますが、だからといって杓子定規にいつまでも続ければよいというのでもありません。

ＰＤＣＡサイクルを回しながら、対策と分析方法を改善していく試行錯誤が大事です。

■精度より大切な「現状に対する違和感をもつ」

最後に分析の精度について、私の考えをお伝えします。

もちろん精度が高いことに越したことはありませんが、最初から完璧を目指さないことです。〝今よりひと手間〟をキーワードに、現状にプラスアルファで対応できる範囲で始めてみましょう。

なかには、そんな大まかな分析では意味がないと思われる方もいらっしゃると思います。たしかにアバウトなデータは不正確な部分が多く、状況判断を誤らせる可能性があります。

それでも、私は多少おおざっぱでも、まずは分析をスタートし、かつ続けることが大事だと思っています。何事もそうですが、無理なことは続きませんし、続かなければどんなに良い施策でも意味がなくなります。ですが続けさえすればそれを定着させて、レベルをより高めることは可能なのです。

加えてデータ分析で大事なのは、**「現状に対する違和感をもつ」**ことです。

人間とは不思議なもので、客観的に見れば異常だと思える事象があっても、その事象が続くと日常となり、やがて何も感じなくなっていきます。企業活動は継続的な営みなので、異常が日常になりやすい環境が整っているといえます。

まして所有と経営が一体化した中小企業は外部チェックが入りにくく、独特の企業文化や組織風土が醸成されやすい一面があります。それが会社の一体感につながる利点がある反面、異常な状態や考えが当たり前となり、思い込みに支配された意思決定を下すことが常態化しかねません。

だからこそ、自社の現状や自らの言動に対して敏感になってほしいのです。何らかの違和感を察知すれば、その背後に問題の芽が潜んでいるかもしれません。その違和感を確かめる目的で、今あるデータをもとに分析し、カンと実態にズレはないかをチェックし、ズレが生じていればそれを正すことで思い込みを取り除くのです。

この**違和感察知能力こそ、中小企業経営者が誇るべきカンの本当の正体**だと考えます。そのカンを補助するツールとして、本書で紹介した「並べる」「比べる」「まとめる」「分ける」という4つの切り口のデータ分析を活用してください。

■「直感」と「データ分析」のバランスをとる大切さ

そして**直感とデータ分析のバランスを意識し、本来の持ち味である判断力を磨く**のです。直感に偏ると思い込みによって判断を見誤るリスクがあり、データ分析に偏ると中小企業経営者の最大の持ち味であるスピード感ある意思決定や行動力が失われかねません。カンのメンテナンスを定期的に実施し、感覚と実態のズレを正し、本来の感覚を取り戻してください。

ただし、繰り返すように最初から難しく考えないことです。

第4章の事例⑥（178ページ参照）でもご紹介したように、○△×の記録だけでも「思い込み」に気づけます。同社の場合、最初からハードルの高いことに取り組んでいたら、おそらく気づきを得る前に挫折していたでしょう。

まずは手持ちの資料で始めてみる。その後、気になるデータを無理のない範囲で収集し、精度を徐々に高めていく。

そのプロセスでカンは十分にメンテナンスされ、スピーディかつ適切な意思決定で事業をさらに飛躍させることができるでしょう。

おわりに

「私は会計の勉強がしたいわけではない」

会計に関する本を出そうと考えていたときに、懇意にしている中小企業経営者から言われたのが、この言葉でした。

経営者であれば、会計知識をある程度はもっていたほうがいいと思います。

自社で財務分析ができるのは良いことだと思います。

しかし、それが日々の経営に役立たなければ意味があるとは思えません。極論を言えば、それは仕事ではなく趣味の世界です。社長は会社をより良くしたいのであって、会計は数ある手段のひとつにすぎません。

本書は広い意味では会計の本ですが、**「会計」が主役ではなく、数字を活用した「改善」が主役の本にしたい**と考えました。

「カンのメンテナンス」というタイトルをつけ、社長の抱く感覚と実態のズレを数字で正し、本当の改善策を導き出す構成にしたのも、そんな思いが根底にあるからです。

一般的な会計の本を開くと、公式や分析手法といったツールを主として紹介しているものです。もし会計を学びたい、あるいは世の中にはどんな分析手法があるのかを詳しく知りたいと思われる方は、一般的な本で勉強されることをおすすめします。

本書は、あくまでも改善が主役――ということで、**8社の改善事例を掲載**しました。いずれも私にとって思い出深い現場であり、かつ他の企業でも共通点の多い事例を選びました。日々のコンサルティングの現場では、もちろんさまざまな分析手法を駆使します。しかし本書の事例の解説では、小さなお店や企業でも取り組めるレベルの分析方法の紹介にとどめました。シンプルな分析で社長が何に気づき、どのように改善していったのかを、できる限り分かりやすくお伝えしたつもりです。

加えて、各事例の冒頭では中小企業が陥りやすい失敗の原因を述べました。細かい分析まではできなくても、「当社にもこういう傾向がある……」と気づきを得るきっかけにしていただければ幸いです。

本書を読んで、何か1つでも「これをやってみたい」と思われたら、まずは一歩踏み出して取り組んでみてください。成果は手法と行動量の掛け算です。どれほど優れた手法を知っていても、行動に移さなければ成果には表れません。

行動が変われば、何かしらの結果が出て、新たな気づきを得られるでしょう。トライ&エラーを繰り返しながら、徐々に会社を良くしていくことが大事です。簡単に取り組めてすぐに効果が出る、そんな魔法のような手法は残念ながらありません。

ただし、トライ&エラーが大事とはいえ、実行したことが良かったのか、悪かったのか判断できなければ、いつまでもエラーを繰り返します。そのために、**数字を使って状況を把握することは、会社の規模や業種に関わらず重要**です。

本書で取り上げた事例企業の中には、初めてお会いした際に社長が涙ながらに危機的状況を訴えていた会社がありました。

ある会社の社長からは、「今だから言うけれど、じつは最初に会ったときに『つぎの春になったら店を閉めよう』と思っていた」と後に打ち明けられました。

別の会社は支援当初、仕入先から『もうあんたのところには現金でしか売れない』と厳しい言葉を突き付けられていました。

しかしいずれの会社も、今では見事に業績を改善させています。

皆様にとって本書が何らかのヒントとなり、経営の改善とさらなる飛躍のきっかけにしていただけることを祈念いたします。

2021年4月　冨松　誠

【著者】
冨松　誠（とみまつ・まこと）
経営コンサルタント　株式会社民安経営代表取締役社長
1982年兵庫県明石市生まれ。神戸学院大学卒業。ITアウトソーシング会社を経て、税理士事務所・コンサルティング会社に就職。2012年に中小企業診断士の資格を取得し、2013年に独立。これまで100社を超える中小企業に深く関与。7社の顧問も務める。
得意分野は、経営の改善手法であるPDCAを組織に根づかせるためのコンサルティング。特定の業種・業態にとらわれず、規模も1人から50人の企業まで対応。顧問先以外にも年間100社ほどにアドバイスをおこない、業務改善や業績向上に導いている。
空理空論がとにかく嫌い。難しい対策ではなく、シンプルなデータ分析手法を用いて〝会社の実態〟や〝できるのにやっていない改善策〟を見える化して社長に気づきを与え、クリアしていくサポートをスタンスとしている。多種多様の業種の企業に接してきた経験からできるアドバイスと、社長をやる気にさせるミーティングが好評である。
現場での実践経験を踏まえた、行動に移せるヒントが詰まった研修やセミナーも実施している。著書に『PDCAは、4割回せばうまくいく！「人・モノ・金」に頼らず願った成果を最短で出す！』（Clover出版）がある。

カンのメンテナンス

2021年5月25日　初版第1刷発行

著　　者　冨松　誠
発 行 人　高橋武男
発 行 所　スタブロブックス株式会社
〒673-1446兵庫県加東市上田603-2
TEL 0795-20-6719　　FAX 0795-20-3613
info@stablobooks.co.jp
https://stablobooks.co.jp

印刷・製本　シナノ印刷株式会社

ISBN978-4-910371-02-3 C0034　定価はカバーに表示してあります。